YOU
LINGHUN
DE

有灵魂的双创故事

SHUANGCHUANG
GUSHI

北京市科学技术协会◎编

中国经济出版社
CHINA ECONOMIC PUBLISHING HOUSE
·北京·

图书在版编目（CIP）数据

有灵魂的双创故事／北京市科学技术协会编．
北京：中国经济出版社，2018.3
ISBN 978-7-5136-4968-1
Ⅰ.①有… Ⅱ.①北… Ⅲ.①创业—研究—中国 Ⅳ.①F249.214
中国版本图书馆 CIP 数据核字（2017）第 269674 号

责任编辑 牛慧珍
责任印制 马小宾
封面设计 任燕飞

出版发行 中国经济出版社
印 刷 者 北京科信印刷有限公司
经 销 者 各地新华书店
开　　本 710mm×1000mm 1/16
印　　张 15.75
字　　数 195 千字
版　　次 2018 年 3 月第 1 版
印　　次 2018 年 3 月第 1 次
定　　价 68.00 元
广告经营许可证 京西工商广字第 8179 号

中国经济出版社 网址 www.economyph.com 社址 北京市西城区百万庄北街 3 号 邮编 100037
本版图书如存在印装质量问题，请与本社发行中心联系调换（联系电话：010-68330607）

编委会

序言
preface

2014年，国务院总理李克强在达沃斯夏季论坛上，首次提出“大众创业，万众创新”的概念，开启了“双创”时代。在国家明确提出创新驱动发展战略的背景下，中华大地上演了一幕又一幕精彩绝伦的创新创业故事。

北京市科学技术协会肩负服务科技工作者，服务“大众创业，万众创新”的重要职责，为响应国家创新驱动发展战略，顺应十九大提出的创新创业新要求，市科协特别对中关村国家自主创新科技园区内有代表性的创业服务机构和创新创业企业进行走访调研，收录30位创业企业灵魂人物的访谈故事，结合最新的创新创业理念和案例编著本书。希望科技工作者、政府公务员和对创新创业感兴趣的读者可以通过阅读本书体会到我国创新创业氛围，使社会公众更加了解我国创新创业领域的现状。

本书虽然做了大量的工作，但成书较为仓促，一是“双创”成功尚需要历史的检验，二是希望读者能够在本书中找到所需的营养，书写自己的双创故事。如此宏愿，难免有汲深绠短之忧，诚盼专家学者和广大读者共襄助之。

编委会

目录
contents

第三章 创客和他们的故事

第一章

解读创新创业密码

第一节　创业的本质是创新

01 创新：把想法变成市场

“创新”一词，最早出自于《南史·后妃传》，是指创立或创造新的事物，与发明创造比较相近。后引申为以新思维、新发明和新描述为特征的一种概念化过程，指在一定的时空、领域中，人们对原有的理论、实践的突破或超越，以及做出新发现或创造新事物。

在漫长的古代文明发展进程中，正是创新的力量在推动着人类文明不断向前。人类历史上，早期的创新成果主要是指科技创新，包括“原创性科学研究”和“技术创新”，如中国的四大发明等，就是属于这个范畴。

直到1912年，美国哈佛大学教授熊彼特在出版的《经济发展概论》中第一次以“创新理论”解释资本主义的本质特征。熊彼特指出：“创新是指把一种新的生产要素和生产条件的‘新结合’引入生产体系。”他认为，资本主义经济打破旧的均衡而又实现新的均衡主要来自内部力量，其中最重要的就是创新，正是创新引起经济增长和发展。创新并不仅仅是某项单纯的技术或工艺发明，而是一种不停运转的机制。只有引入生产实际中的发现与发明，并对原有生产体系产生震荡效应，才是创新。而企业家是有敏锐洞察力的，能预见潜在的市场需求和潜在的经济利益，并有胆略、有能力进行创新去获取利益的人。比尔·盖茨就是公认的知识经济时代“创新”的代表人物，给他带来巨大财富的创新中，几乎没有一个是他自己的发明创造，都是别人发明创造的东西他拿过来加以变化、重新组合，进行开发，最终使他成为全球首富。

至此，创新的含义由最初的发明、发现扩展为以企业家为轴心，集企业家、科学家、发明家于一体的科学技术加速进步机制，即经济学领域的“创新”。熊彼特的观点引起了强烈的反响。西方学者普遍认为，熊彼特的见解抓住了经济增长的本质问题。

熊彼特的最大贡献莫过于引起人们对隐藏在经济增长要素背后的动力机制——企业家的关注和重视，从此，创新也就与企业家紧密地联系在一起。

张维迎教授在《企业家——经济增长的国王》中，对创新的描述甚为贴切：“创新就是把一个想法变成一个市场。”

所有的创新最初都只是一个想法，这个想法一定是“独一无二”的，从纵向上看，是“前所未有”的；从横向上看，是“与众不同”的。也就是大部分的人都不会想到，即使你把这个想法说出来，大部分人也不会认同，甚至会认为是完全不可能的。这是创新的第一步。

如果想法只是脑海中的灵光一现，或是变成纸上的理论，或是成为实验室里的样品，没有变成消费者愿意埋单的产品，这些就还不是创新，只是创意、是理论、是发明而已。发明创造很多时候都是试一试的灵感涌现，短时期也许并没有经济效用甚至是荒谬无边的，而创新更多的是在一段相当长的时期内进行的有目的的价值创造。

瓦特发明了蒸汽机，但他的合伙人马修·博尔顿则制造并推广了蒸汽机；山姆·沃尔顿（Sam Walton，1918—1992）并不是打折店的发明者，但他是这个点子的最佳实践者。他对信息技术以及物流供应链的推崇使他总能够以较低的价格击败众多竞争对手，他创建的沃尔玛是目前世界上最大的零售连锁店，拥有雇员达130万人；汽车最初是有钱人的“专利”，福特汽车公司创始人亨利·福特（Henry Ford，1863—1947）推出的廉价、高度统一的T型车，在降价的同时，福特还创新地提高工人的工资，在企业内部培育中产阶级，最终让汽车走进普通家庭，改变了美国人的出行方式。他创立了全世界第一条汽车流水装配线，奠定了20世纪大规模生产的基础。

简而言之，“有了一个好的想法，让它有价值的最好方式不是告诉别人，而是你把它实现，并且让市场证明这真的是一个好的想法”。

02 创业：实现创新的过程

“创业”从字面上理解是指创立基业或创办事业。在缺乏创新的时代，创业更多的是与战争、掠夺和强权相关。例如，中国历史上的改朝换代，可以说是创业者的斗争史。今天，全世界绝大多数人口都生活在市场的逻辑中，分工和交换成为人类合作的主要形式，创业的含义也发生了根本性的变化。

现在“创业”主要是指“创业者通过发现市场需求，寻找市场机会，组织各种资源，通过投资经营活动，提供产品或服务，以满足这种需求，创造价值的过程”。而能否有效满足顾客需求的最好衡量标准，就是是否为客户创造了他们认可的价值。创业是创造不同的价值的一种过程，这种价值的创造需要投入必要的时间和付出一定的努力，承担相应的金融、心理和社会风险，并能在金钱上和个人成就感方面得到回报。[①]

---

① 唐厚梅．大学生创业前应锻炼的15种能力［J］．劳动保障世界，2017-01-05.

创业的英文起源于法文字“Entreprendre”，其意为“从事（to undertake）”创新和发展的人，创业家还可以是企业家、风险投资家等。而熊彼特创新理论中的企业家，则包括创业家和职业经理人。

在企业起步阶段，“创业家”多取代“企业家”成为创新的代名词。

连续创业者孙陶然认为：“创业就是原来没有的公司你把它建立起来了，原来没有的产品你把它制造出来了，是去填补空白，或者用更好的方法满足现在的需求，所以你只有创新才能创业。”

回顾熊彼特的“创新（Innovations）”概念，恰好与“创新创业”相吻合，都是指企业家（创业者）对生产要素的新组合，即把一种从来没有过的生产要素和生产条件的新组合引入到生产体系之中，即企业家（创业者）创新的创业过程。相比较而言，“创新创业”的范围比“创业”要小一些，一般指具有企业家才能的创业者的创业过程。现如今，大多数的创新类书籍，正是在“创新理论”的基础上，对创业者进行“企业家才能”的教育和宣传。

这大致就是“创新”和“创业”连在一起出现的原因吧！

在探究“创新与创业”之间的区别与联系时，我们发现，在理论描述时，出现了一个有悖常理的地方。虽然熊彼特理论中将“科学发现和技术发明”作为技术进步的外生变量，但同时在描述中，也说到技术发明等创新不是“创新（Innovations）”，只有企业家的创业行为才是“创新（Innovations）”。这大概是英汉语言的差异，在翻译时没有更合适的汉语代替“创新”去对应“Innovations”，因此，在后来的描述中，就一直沿用“创新”一词。虽然这并不影响我们对创新理论的理解和应用，但是对于一些初次接触创新理论的人，看到此“创新”非彼“创新”的描述，还是会感到困惑。特别是一些创新类书籍，并未对创新和创新理论进行说明，就直接引用“创新（Innovations）”的概念，会影响人们对“创新”的理解。

基于这个发现，为了避免概念的混淆，本书在阐述中，用“创新创业”一词代指创新理论中的“创新（Innovations）”概念，从而与我们常说的创新区别开来，见图1-1。

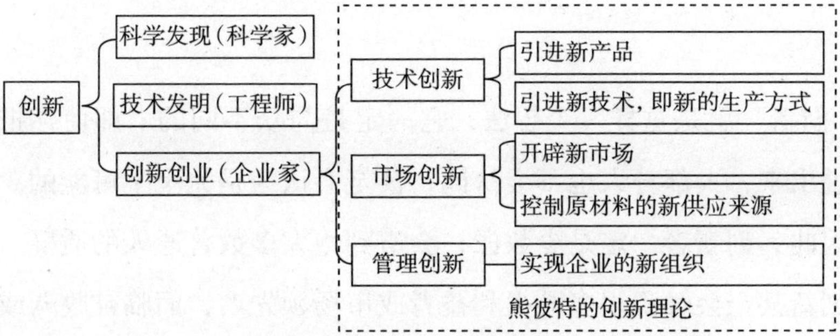

图1-1　创新的概念

第二节　创业恰如“野草生长”

“创新”就是这样一个想法，它一定是与众不同的。即使你把这个想法说出来，大部分人也不会认同，甚至会认为是完全不可能的。

因此，创新者一定是少数派，会遭到绝大多数普通人的质疑。

创新甚至会触犯很多既得利益者或市场领先者，面临被收购或者被挤掉的命运。因此，创新必然会经过艰难的探索，甚至不断失败，而这也正是创新的意义所在。

01 外表奇怪的野草

之所以被称为野草，正是因为其价值不被别人了解的缘故。这正如在人类认识麦子的价值之前，麦苗在人的眼中就是野草，而不是粮食。

史密斯（Frederick Smith）创办联邦快递公司时的想法是：任何一个东西能不能今天交给你，明天就送到对方手里？当时的邮政需要一个星期的时间，他的想法从技术上讲不太可能，所以他的那篇耶鲁大学读书时候的课程论文，老师只给他打了C，就是分数刚及格。然而就是这个论文里的思想，后来变成了联邦快递公司。

阿里巴巴的成功上市，诞生了一个世界首富、一个中国首富、一万多名千万富翁……一时间，千人羡慕，万人后悔。谈话间有多少人捶胸顿足地说着“想当初……”

可是，18位“创业罗汉”创业时，又有多少人真的能认识到阿里巴巴未来的价值?

1999年春，阿里巴巴刚成立时，在杭州湖畔花园马云家，马云的妻子、同事、学生、朋友共18个人围着马云，听他慷慨陈词：“从现在起，我们要做一件伟大的事情！我们的B2B将为互联网服务模式带来一次革命!”

“你们要是跟我回家二次创业，工资只有500元，不许打的，办公就在我家那150平方米里，做什么还不清楚，我只知道我要做一个全世界最大的商人网站。如何抉择，我给你们三天时间考虑。”

像当年离开中国黄页一样，马云的决定又一次在他的团队里引起了轩然大波，不同的是这次没有人哭。大家讨论时，很多人不能理解马云的决定，也有人坚决反对这个决定。不过，5分钟后，所有人都表达了一个共同的意愿——跟着马云回杭州。

可见，18位“创业罗汉”创业，完全在于马云的个人魅力，与阿里巴巴是“野草”还是“参天大树”无关!

的确，在当时的中国，B2B为何物，估计没有多少人真正了解。

因此，这样的创新创业注定像孙陶然说的那样：“带着一群未知的人去一个未知的地方干一件未知的事儿。”其结果注定是“九死一生”。

然而，马云和他的创业团队，犹如野草一般顽强地活着，并通过努力，向世人证明了自己的价值。

02 看似没有价值的野草

也许有的创新创业听起来，似乎不是那么高深和难以理解，但是，随之产生的是更高的质疑，认为这样的主意糟透了！这样根本没有前途!

“很多人认为 Airbnb 是个最烂的，但还能成功的主意。” Airbnb 的创始人 Brian Chesky 在回忆最初创业的想法时说道。第一次产品发布会后，“Airbnb 项目被引荐给 15 个天使投资。结果，七个投资人从来没答复，八个答复了，其中四个说不符合他们的主题，一个说不喜欢这个市场，还有三个留下来”。

当 Brian Chesky 联系了 CNN，NYT，告诉他们 Airbnb 做的事时，他们回答“绝对不可能，人们不愿意睡在别人的床上”。而当地的报纸，也选择忽略他们。

然而，在一次又一次的被拒绝中，Airbnb 已经成长为用户遍布 167 个国家近 8000 座城市，发布的房屋租赁信息达 5 万条的“住房中的 eBay”。据最新的消息称，Airbnb 证实完成一轮 15 亿美元融资，估值 250 亿美元。

与 Airbnb 有类似经历的还有著名的社交网络平台——Facebook。

创始人扎克伯格推出 Facebook 第一版本的时候只是一个大学生，他的想法是创造出世界上最大的互联网社区，有 15 亿人以上。从此，他就向着这个目标坚持前行。

然而，犹如野草生长一般，在人们的眼中，Facebook 是没有价值的。

在 Facebook 发展道路上的每一步，都有人会说新的想法不会成功。

一开始的时候，有人说：“Facebook 只是给学生用的，所以它永远不会是重要的。”可是他们还是继续，把 Facebook 开放，给所有人用。

后来，又有人说：“好，现在别人也用了 Facebook，但是他们很快就不会再用它。”可是我们还是继续。

人们一直在用，是因为人和人连接是很重要的。

然后有人说：“可能它在美国有用，但它不会在其他国家有用。”

可是我们还是继续，开发到了世界其他国家。

又有人说："社交媒体永远不会赚钱。"可是我们还是继续，建立了一个强大的业务。

然后有人在说："人们不会在手机上用 Facebook。"可是我们还是继续，现在我们成立了移动为中心的公司。

"当时，我们不知道这些问题的答案。没有人知道，我们每次继续是因为我们用心。很多公司在创造社交媒体，但是他们害怕这些问题。我们相信，社交媒体和连接世界是十分重要的。我们相信，虽然我们不知道每个答案，我们还可以继续帮助人们，连接人们。"

03 创业，如草根般崛起

史蒂夫·乔布斯（1955—2011），发明家、企业家、美国苹果公司联合创办人、原行政总裁。1976 年，乔布斯和朋友成立苹果电脑公司，他陪伴了苹果公司数十年的起落与复兴，先后领导和推出了麦金塔计算机、iMac、iPod、iPhone 等风靡全球亿万人的电子产品，深刻地改变了现代通信、娱乐乃至生活的方式。

"我没有了宿舍，所以我要到朋友家睡地板；为了填饱肚子，我捡过值 5 美分的可乐罐；为了每周一次的好一点的饭，每个星期天，我穿街过巷，步行 7 英里到 Hare Krishna 教堂，我喜欢那里的饭菜。"2005 年，乔布斯在斯坦福大学毕业典礼演讲中说到自己退学后的生活。

典型的草根，没有显赫的家庭背景，没有各类资源的乔布斯，却创造了专属于他的传奇。

回顾众多创新者，从福特到 Brian Chesky，这些古怪的人、这些疯子、这些"野草"，实际上却是创新驱动系统中的掌舵者、规则改变者、创新实践者，是创新时代的英雄！

第二章

中国“创业雨林”初具规模

前面主要围绕创新创业的理论层面进行探讨，本章则以中关村为起点和结合中国双创的大背景下，全国正在掀起创新创业的热潮，以点及面，解读创新创业的密码以及孵化器是什么、孵化器长什么样、当前孵化器发展的现状等问题。

第一节　双创的新时代

01 中国创业元年

中国的创业大潮，是从如今耳熟能详的“大众创业，万众创新”这八个字开始的，2015 年是一个起点。在这一年中，有几件事值得特别记录下来：一是关于众创空间建设，国务院出台了《关于发展众创空间推进大众创新创业的指导意见》《关于大力推进大众创业万众创新若干政策措施的意见》《关于加快构建大众创业万众创新支撑平台的指导意见》等 8 个文件，成为中国建设众创空间，推动双创浪潮的集结号；二是初创公司不再是高门槛，推行“三证合一”登记制度，实现“一照一码”，放松经营范围登记管制，使得创业成为一件相对“简单的事情”；三是财政部等部委在全国 15 个城市启动了小微企业创业创新基地城市示范工作；四是创业教育风生水起，出台了《关于深化高等学校创新创业教育改革的实施意见》，加强创新创业人才培养，推动大学生创业，再从“三证合一”到“五证合一”，大大简化了办证效率。

这一连串的举措，加上总理亲临中关村创业大街，在全国“双创周”上为创业者“站台”，使得 2015 年异常热闹，也成为“中国创业元年”。

有数据表明，仅在这一年，中国就创办了 1.6 万家众创空间，其中中关村创业大街、深圳创业广场、杭州梦想小镇等成为全世界有名的众创空间，吸引着来自世界各地的目光。而自 2015 年以来，这个数据每年都在不断刷新。不管如何，我们每个人都感觉到中国双创的春天来了。

中国已经成为全世界创业最活跃的国家，甚至中关村每年诞生 3 万家创业公司，而硅谷只有 1.5 万家，并且最近 5 年，中关村 IPO 数量是硅谷的 3 倍。中国在纳斯达克上市的公司有 145 家，多于美国的 110 家。这些数字和对比都说明中国在创业和瞪羚企业培育方面走在了世界前列。

诺贝尔经济学奖获得者埃德蒙·费尔普斯在《大繁荣》一书中指出，未来国家的繁荣将源自于民众对创新过程的普遍参与，深入草根阶层的自主创新创业，将提供新的经济活力。

中国双创事业的大发展，无疑就是这句话最好的佐证。一批优秀企业和创业新锐引领全国“双创”浪潮，如《福布斯》发布的“2016 年度全球企业 2000 强榜单”中，京东、联想、京东方等 14 家企业成功上榜；滴滴出行总裁柳青入选《连线》公布的“全球 25 位天才榜单”；刘强东、程维等 8 位企业家入选《财富（中文网）》“2016 中国最具影响力的 50 位商界领袖”①。

2016 年前 4 个月，有的区域日均企业申请发明专利约 90 件，技术收入、高技术服务业、发明专利授权量均实现同比 30% 以上的快速增长。

大力支持科技园区发展是中国政府必然的战略选择，习近平总书记明确指出：“创新是引领发展的第一动力，抓创新就是抓发展，谋创新

① 李争粉．前 4 月中关村创新发展呈现四大亮点［N］．中国高新技术产业导报，2016－06－13.

就是谋未来。”作为一个超大型国际化大都市，面对人口资源环境越来越严苛的外部约束条件，北京已经走上建设全国科技创新中心，加快建设国际一流和谐宜居之都，实现发展转型升级之路。

从20世纪80年代开始，中关村开启了中国建设科技园区的序幕，经过30多年的快速发展，中关村已经成为中国最具活力的科技创新中心和新兴产业的园地，成为初具全球影响力的创新中心之一。不仅是中关村，全国双创事业也如火如荼地开展起来。

2015年，创业不仅影响了每个人，也影响了中国的改革，影响了中国人的观念，为全国民众带来了一次创新创业文化的洗礼，在某种意义上创业引发了思想的大解放。

近年来，在各种普惠型和引导性政策上，政府不同部门都出台了诸多支持政策，从“精准扶贫”到“一带一路”、从“鼓励农业发展”到“秀美乡村建设”、从军民融合到国际化交流、雄安新区中关村科技园的建设等，涉及文化创意、农业、人工智能、医疗健康、生物技术、大数据、电子信息等方方面面的领域。但由于创业者大都要么是技术出身，要么是忙于各类业务而无暇顾及或关注政策的意识淡薄，错过了很多发展的机会和资金，总觉得埋头苦干，把自己的事情做好就可以了。这是广大创业者的误区，也是亟待倡导和加强的。

02 创业孵化新时代

220米长的街区布置了40余个展位，孵化机构向参观者展示成功的案例、丰富的资源，第三方服务机构为创业者提供企业注册、财务管理咨询，创业者对自家产品、服务功能如数家珍……2017年6月12日，正值中关村创业大街开街两周年之际，第三届Innoway创新创业节正式拉开序幕，在街区举办的创新集市上，特色项目异彩纷呈，处处洋溢着创新创业的文化氛围。

这是创业大街发展两年的一个缩影，更是中国创业浪潮的一个时代印记。创业大街的开街，开启了一个崭新的创业孵化全业态新时代。

2015 年 5 月 7 日，国务院总理李克强现身中关村创业大街，为创业者加油打气。他走进“3W 咖啡”，手捧一杯咖啡，与创业者交谈。咖啡杯上印有 3W 咖啡创始人许单单的话：“生命不息，折腾不止。”

国务院总理李克强说：“推动大众创业、万众创新是充分激发亿万群众智慧和创造力的重大改革举措，是实现国家强盛、人民富裕的重要途径，要坚决消除各种束缚和桎梏，让创业创新成为时代潮流，汇聚起经济社会发展的强大新动能。”

李克强总理亲自“添柴”，创业大街从此火了。它也成为中国创业大潮中的排头兵和旗帜，按照设计规划，这条街将被打造成国内外知名的科技服务集聚区、科技型企业发源地和创业文化圣地，成为全球著名的创业名片。在创业者眼中，这是他们踏上成功征程的第一站。

如今，两年时间过去了，或许数据可以把创业大街的征程做一个小结：创业服务机构持续在这里集聚，从开街之初的 11 家增加到 44 家；多样化的创新创业活动与服务吸引众多创业者，孵化了一批创业企业。在街区举行的创新创业活动超过 1600 场，参与人数超过 16 万人次。累计孵化创业团队 700 个，其中海归团队和外籍团队超过 100 个；有 375 个团队获得融资，平均每家融资 500 万元，总融资额达到 18.75 亿元。其中，联想之星有 45 家孵化企业获得后续社会融资，融资总额超过 30 亿元人民币，有 1 家创业项目在美国纳斯达克上市，有 1 家创业项目登录新三板；氪空间孵化的 166 个项目，97% 获得融资，总估值达到 130 亿元。

这条街也成为展示中国创新创业成果的窗口和国际化交流的舞台，

截至2016年4月，创业大街累计接待各级领导及社会人士调研参观1100余次，来自美国、韩国、新加坡、澳大利亚、俄罗斯、墨西哥等国家和地区的90个代表团。英特尔、大众汽车、谷歌等跨国公司也纷纷来大街交流合作。

“创业大街名义上叫街，实质是吸引全球高端创新创业人才、集聚高端创新创业服务要素，孕育产生关键颠覆性创新的功能中心。我们鼓励的是创新精神，是通过创业推动创新，而不是一夜暴富。”这不是一条只有咖啡馆的“街”，也不仅仅是创业大潮中的昙花一现，在这背后，是一个关于“中关村精神”和追逐“中国梦”的故事。他们的名字叫作“创业者”。

如同这30多年发生翻天覆地变化的“中关村”，从“电子一条街”到“国家自主创新示范区”，从低矮的平房到明亮整洁的办公大楼，从偷偷“下海”到“扎堆创业”……那时的“中关村”已经走进历史记忆当中，现在仅仅能从照片和影像资料中找到那时那地的场景，以及“敢为天下先”的弄潮儿的身影。可是，有一种精神却历久弥新，那就是创新和创业。这么多年来，越来越多的“伙计”支撑起这方创业的天空，他们百折不挠，勇往直前。

为梦而生，互联网创业热潮催生出一个公平的新秩序，游戏规则对每个人都是公平的。不看出身和背景，给了这个时代的年轻人最大的公平。所谓的“创业神话”并不是遥不可及的，在这条草根创业者、创业团队、天使投资人和服务投资机构汇聚的地方，每天都可能缔造神奇。

这也是创业大街的魅力所在。当你经过这里，会看到那块镌刻“innoway”的招牌——这个词语的意思是“绝处逢生”。这是最符合创业者精神的一个词，在绝望中坚持并寻找希望。

而创业大街只是一个例子，各地政府在国家的号召下都纷纷行动起来，创业者精神也在不同领域、不同层面不断地延伸开来。

2017 年，中关村雄安新区科技园在河北雄安新区成立，这标志着作为千年国家大计、首都的双翼之一的雄安新区，将迎来中国双创的新起点。京津冀一体化的发展，将有助于疏散和缓解、解决长期以来首都发展带来的交通、人口等“大城市病”。不仅是京津冀一体化进程正在加速，如今全国其他省、自治区、直辖市的双创事业也正积极行动起来，形成了全国双创大繁荣的新格局。

以北、上、广、深等一线发达城市为双创驱动力，四川、贵州、陕西、云南等省份一批内陆城市，正顺应当前大好时机顺势而为，福建、江苏、东北三省、海南、浙江等沿海省份城市日新月异，江西、湖北、湖南、安徽等省份中部城市也在新一轮双创热潮中崛起，内蒙古自治区、广西壮族自治区、宁夏回族自治区等自治区也在积极寻求向其他发展地区学习，勇创中国双创新典型。

以贵州省遵义市为例，2017 年 5 月 14 日，在“一带一路合作国际峰会论坛”首日，遵义市红花岗区人民政府成立“遵义创业中心”。将针对移动互联网、智能智造、新材料、生物医药、节能环保等多个领域科研成果在遵义市红花岗区实现产业化的重要平台，是实现自主创新成果辐射的专业园区，也是青年创业者在遵义红花岗区进行投资兴业的服务基地。

遵义创业中心将通过优势资源整合，通过多种形式引入创新创业要素资源，打通遵义和北京在人才、项目、资源等通道，打造“项目孵化—企业孵化—产业孵化”完整孵化链条，逐步形成遵义乃至贵州省“大众创业、万众创新”的开放新高地。

众所周知，遵义是红色之城、转折之城，人杰地灵，有着丰富的资源优势。在当前首都功能逐渐疏解的过程中，更多的资源也将外溢。“遵义创业中心”的建立，有利于更多人才、资源和项目引入西部地区，为西部发展注入更多的活力。既有战略高度，又充分考虑与产业的结合，兼顾短中长期的目标，落地性极高。例如，在第一年内，合作方将发起成立创业投资引导基金，孵化服务、投融资对接遵义红花岗区以外的政府资源、产业链资源初步形成“大众创业、万众创新”的氛围，将遵义创业中心建设成为区域内示范众创空间。遵义创业中心将结合遵义市在大生态、大数据、大健康、大旅游产业布局中的定位等战略布局，重点引进有核心竞争力的项目落地，形成产业集聚，经过 3 ~ 5 年的发展，形成区域新的增长极。

2016 年 7 月 21 日，中共中央、国务院、中央军委印发了《关于经济建设和国防建设融合发展的意见》指出，我国军民融合发展刚进入由初步融合向深度融合的过渡阶段，推动军民融合发展还存在思想观念跟不上、顶层统筹和统管体制缺乏、政策法规和运行机制滞后、有共识难落实等突出问题，军民融合整体效益与巨大潜力亟待挖掘和进一步发挥。国家提出的军民融合大战略激活了全国省、市、自治区军队的改革与发展，如保定市军分区就和中关村联动起来，开展相应的军民融合大发展。自军民融合成为国家战略之后，社会各界对军民融合关注热情高涨，各种军民融合规划、产业园、联盟和基金如雨后春笋般涌现，有力地推动军民融合事业空前发展，并走向深入发展和落地。

03 野草的力量

中关村创业大街（以下简称“大街”）是北京地区非常有代表性的全国双创基地。它走进人们的视野，是从创业咖啡开始的。从第一批入驻大街的车库咖啡、3W 咖啡等 11 家机构开始，创业咖啡作为一种开放的无门槛的创业交流平台，迅速为普通大众所熟悉。

后来席卷全国的“创业咖啡”就是从此地诞生，作为创业咖啡馆的经典案例，大街后来成为全国双创“示范地”，成为各地学习的榜样。这条220米长的街区，影响力早已超越了它涵盖的物理范围，它以完善的创业服务体系催生出了一片生机勃勃的“创业雨林”。

截至2017年，入驻街区的创业服务机构从11家增加到45家，累计孵化创业团队1000个，平均每天孵化1.4个创业项目；有483个团队获得融资，总融资额达到33.88亿元；举办创新创业活动1600场，参与人数超过16万人次①。

大街上的机构，由于运营团队与资源禀赋差异，各具特色。在智能硬件服务平台中，京东+开放孵化器背靠京东，拥有京东内部大数据及渠道资源支持，其强大的市场营销能力受到创业项目青睐；IC已经300位发起人覆盖IC产业链，发起人资源是IC咖啡的核心竞争力，IC咖啡与远东集团、土曼科技合作，提供专业的供应链管理服务；硬派空间与Intel等大企业达成战略合作，将行业巨头的研发、导师等资源对接给创业企业。在股权众筹平台中，36氪打造作为线上流量入口的36氪媒体，以及线下流量入口的氪空间，集聚了一大批优质创业项目资源；而因果树创始团队来自谷歌等IT公司和金融公司，从成立之初即兼具互联网基因与金融基金，一方面提供法律咨询、尽职调查等融资专业服务，另一方面独创偶+大数据产品和因果树投资机器人，通过机器学习量化创业公司评价。

与此同时，大街吸引了越来越多的海外创业者落户，国际化趋势显著。在创业大街孵化的1000个创业团队中，超过150个是海归团队和外籍团队。“全球创新青年领袖计划”也在创业大街启动。来自美国斯

① 中关村创业大街催生“创业雨林”，安阳网 http://www.ayrbs.com.

坦福大学、中国北京大学、新加坡国立大学等名校的青年精英，将通过街区搭建的创业实习、创业实战、创业课程齐聚一堂，激烈碰撞，寻求在中国创新创业的机遇。“也许在不久的将来，每个创业团队都是小‘联合国’，来自印度的做软件开发，来自美国的做产品设计，来自韩国的做工业设计，来自中国的负责研发或市场运营……”一位创投人士如此表示。目前，街区已与美国、以色列、芬兰、法国、韩国等10余个国家的20余个机构开展合作，初步构建起全球创新创业合作通道。

不仅如此，创业大街的服务机构也在持续升级。联想之星瞄准中国智造、人工智能、机器人等热门技术，发起成立“星空智能机器平台”，通过运营科技媒体、举办行业大会、设立专题加速器，推动产业发展，帮助创业者解决原来耗资巨大的搭建实验环境、找到启动客户、获取推广渠道等问题，并在硅谷设立comet慧星加速器，成为美国第一个以智能机器、中国制造为主题的加速器。黑马会在2015年正式更名为创业黑马集团，它从一本《创业家》杂志开始，稳扎稳打，逐步发展出“创业资讯—创业培训—黑马基金”等一系列创业服务。2016年，黑马创业集团围绕黑马社群，以“创始人投资创始人”理念，打造黑马商学院和牛投网，构建黑马金融服务体系。36氪旗下氪空间已开始独立运营并完成了第一轮数千万元人民币的融资，专注以空间、社群和服务为主题的联合办公空间，并计划在5年内打造一个百城千店万亿产值的“万亿氪空间”。

大街的入驻机构从“对手”到“伙伴”，从简单的竞争角逐走向适度竞争、优势互补的合纵连横。创业大街服务机构在服务模式、发展方向逐渐明朗之后，开始朝规模化方向探索，为寻求最优发展路径，机构之间开始主动寻求融合、协作机会，基于优势互补，通过资源互置，与其他机构开展深度合作，进行资源整合，放大服务触角。京东+打造

“赴筹者联盟”，联手洛可可等机构，提供连接京东产品众筹、私募股权融资的绿色通道。拉勾、36氪与天使汇开启“创业三棱镜”计划，推动人才资源、媒体渠道、投融资服务三大板块的深度融合。通过开放合作，40多家创业服务机构共同打造了创业大街的多元生态。此外，通过创业大街的品牌性的活动，如创新集市、创新创业季，以及创业大街街坊会组织，中关村创业大街的入驻机构积极开展互动与交流，实现了融合化发展，为创业者提供更加高效、完善、全面、深度的专业化服务，初步形成了具有影响力的创业生态体系。创业大街只是一个缩影，各地政府都在鼓励双创事业的发展。星星之火，可以燎原。

第二节 “雨林生态圈”——孵化器

前面从中关村切入，从宏观角度回顾了中国双创事业的发展历程，本节从孵化器的视角，进一步从宏观层面深入探讨孵化器是什么，孵化器长什么样，国内外孵化器的发展简史，以及如何构建双创雨林生态体系。

01 创新型孵化器

◎ 前世今生

企业孵化器兴起于1950年，是指那些通过指导咨询、融资协助和设备提供等方式帮助创业者起步的组织机构。自世界上第一家孵化器“贝特维亚工业中心”于1959年在美国诞生，孵化器迄今已经经过4个阶段的发展。

第一阶段，全球孵化器初步发展阶段。这一时期孵化器主要由地方政府和社区机构设立，以提供公共服务、获取房租收益为主。

第二阶段，孵化器快速发展阶段。新技术革命下，高新技术产业快速发展，孵化器作为一种有利于经济开发的新型工具得到世界各国政府的强力推广，得到快速发展。这一时期，专业技术孵化器逐渐成为主流。其中，孵化器发展最为成熟的美国，随着企业孵化支持日趋系统化，也出现了虚拟孵化器。至此，孵化器的空间概念逐渐模糊。

第三阶段，20 世纪 90 年代上半期，风险资本的触角伸入孵化器中，“投资＋孵化”的营利模式产生。这一阶段孵化器主要呈现出企业化运作趋势，其主要表现是服务对象向外扩张和服务形式多样化，孵化经营重心由孵化新创企业转向涵盖市场机会的识别以创建企业本身。

第四阶段，在前期发展的基础之上，孵化器定位呈现出更加细化和要素化的特点。这主要是进入 21 世纪以来，互联网技术的快速发展，开源开放成为新趋势，使创业成本降低、创业周期缩短、创业活动更加活跃。孵化器发展迎来了 2000 年互联网泡沫之后再一次发展热潮，全球孵化器发展进入最活跃时期。孵化器在营运模式及市场机制等方面也实现了突破，逐渐探索出新型的孵化发展模式和市场化的新机制。

我国孵化器发展起步较晚，整体上还处于孵化器发展的初级阶段。但是，随着改革开放的深入和创新驱动战略的实施，我国创新创业的环境和模式也在发生着巨大的变化。特别是在创新创业资源丰富、创新创业文化浓厚的发达地区，新的创业模式和创业孵化模式如雨后春笋般涌现。

但是，整体而言，我国孵化器发展还处于初级阶段，即便是孵化器最为发达的美国，也尚处于摸索阶段。特别是新出现的孵化器，更是呈现出多样化、要素化等诸多特点，其发展排名也处于不断更新、变化中。截至目前，尚难下结论说哪一种发展模式是正确的，也没有相关学者对新型孵化器进行研究。因此，不论是实践经验方面，还是理论指导方面，都尚未探究孵化器发展的整体趋势和方向。在这种形势下，如何有效地引导和促进中关村创新型孵化器持续健康有序地发展，深化科技孵化服务，完善孵化器的运行机制，改善创新创业生态环境，从而最终促进小微企业的快速发展，显得尤为重要。

◎ 分类和评价体系

企业孵化器的名称和实体最早是由美国人约瑟夫·曼库索于 1959

年提出的，主要是受到第一批入孵企业中养鸡商的启发，以孵化器（Incubator）命名。孵化器，原指一种人工温控环境，这种环境能提高雏禽出生率和成活率，后引申为培育新创企业的专门服务机构，即所谓的企业孵化器（Business Incubator）。

第一家企业孵化器的成功运作，引起美国政府和有关方面的关注，又先后建立了一批包括大学城、科学中心等在内的企业孵化器。这些企业孵化器在扶持中小企业成长、创造就业机会、加速科技成果转化和促进区域经济发展等方面的卓越表现，引起了世界各国的高度重视，一些国家与地区纷纷效仿。而随着孵化器地域的不同，孵化器名称进入欧洲后叫作创新中心，挪威则定名为创新就业系统实验室，在我国最初称为“高新技术创业服务中心”，后为创业中心。

中西方科技企业孵化器性质上的现实差异导致中外研究者（机构）对孵化器定义的侧重点不同，对孵化器的概念和边界的界定也不尽相同。因此，迄今为止，学界尚未对孵化器做出统一的定义。

根据股东来源，孵化器可简单分为国有孵化器和私营孵化器；根据经营目标，孵化器可分为营利性孵化器和非营利性孵化器；根据经营模式，孵化器可分为企业孵化器、事业单位孵化器和国有孵化器；根据经营特点，孵化器可分为综合孵化器、专业孵化器、投资型孵化器和国际孵化器。

科技部组织全国孵化器专家编写的《科技孵化器管理》将国内孵化器根据功能、孵化器法人治理结构及孵化服务目标将其分为七大类：综合性科技企业孵化器、专业技术孵化器、软件孵化器、大学孵化器、国际企业孵化器（IBI）、海外留学人员孵化器和国有企业孵化器。

但在实践中，运用得较多的分类有两种，一是综合性孵化器和专业孵化器；二是民营孵化器和非民营孵化器。

国家科技部火炬中心将孵化器分为4种类型，分别定义如下：

（1）高新技术创业服务中心。科技企业孵化器的主要形式之一，它以初创的科技型中小企业为服务对象，为入孵企业提供研发、中试生产、经营场地和办公方面的共享设施，提供政策、管理、法律、财务、融资、市场推广和培训等方面的服务，以降低企业创业风险和创业成本，提高企业的成活率和成功率，为社会培养成功的科技企业和企业。目前，经科技部批准认定的国家级新技术创业服务中心共有169家。

（2）国家留学人员创业园。作为科技企业孵化器的组成部分，这类孵化器是经科技部、教育部、人事部和国家外专局共同批准认定的以服务于留学回国人员创业为主的公益型科技服务机构。通过各部门的政策鼓励与扶植，创业园为留学人员回国创业开辟了“绿色通道”，引进学有成就的海外留学生回国创业。目前，经三部一局批准设立的国家留学人员创业园试点单位共有21家，如位于上地信息路26号的北京市最早的国家留学人员创业园等。

（3）国际企业孵化器。经科技部批准设立的涉外科技服务机构，服务于境外技术研发机构、科技型企业及创业者在中国境内开展的创新创业活动。同时，也为我国高新技术企业开拓国际市场、寻求境外合作伙伴、实现跨国经营与发展提供全面支持与保障。从1996年开始，科技部先后选定北京、西安、上海、苏州、武汉、天津、成都、重庆和广州共9个国家创业服务中心作为国际企业孵化器试点单位。

（4）国家大学科技园。经国家科技部、教育部共同批准认定的科技创业服务机构。国家大学科技园作为科技企业孵化器的重要组织部分，成为区域经济发展和行业技术进步的主要创新源泉之一，是大学实现社会服务功能和产学研结合的重要平台。到2013年，经国家科技部、教育部共同批准认定的国家大学科技园共有94家。

由上可知，孵化器的分类标准尚未达到统一，加之新型孵化器的涌现，孵化器的分类也呈现出日益多样化的趋势。

近年来，国内外关于孵化器的能力以及效率评价的研究越来越多，其维度也十分广泛。但是，综合来看，国内学者针对企业孵化器评价的研究，主要是基于两个视角：第一，企业孵化器的视角，具体评价内容包括企业孵化器孵化能力、企业孵化器孵化绩效、企业孵化器服务绩效；第二，被孵企业的视角，从价值方面进行评价①。

根据《国家级科技企业孵化器评价指标体系（试行）》，将国家级孵化器评价结果分为优秀（A）、良好（B）、合格（C）和不合格（D）四个等级。本指标体系用于国家级孵化器工作绩效评价，旨在加强和规范国家级孵化器的管理，引导我国科技企业孵化器健康发展，提升孵化器的服务能力和绩效，提高社会贡献率，并作为制定有关政策、引领发展和动态管理的主要依据。

02 创业孵化体系生力军

区别于传统孵化器，创新型孵化器不以物理空间为载体聚集和孵化企业，主要通过开展早期投资、产业链资源整合、搭建专业技术平台、创业导师辅导等深度服务，推动企业创建和快速发展。经过几年的发展，创新型孵化器凭借运作模式新、创新能力强等优势，成为创业孵化体系中最具活力的新生力量，初步形成了国有资本、民营资本、协会、民办非企业单位等各类社会组织参与、市场化运作的创业服务业发展新格局。

◎ 创建时间与硅谷基本保持一致

受 2000 年互联网泡沫经济的影响，孵化器发展受到重挫，大量营

① 陈莉敏．科技企业孵化器集群机理研究［D］．武汉：武汉理工大学博士论文，2008.

利性孵化器的倒闭，也让社会资本进入孵化器的势头有所减弱。然而，短短几年时间，随着开源开放成为新趋势，创业成本不断降低、创业周期大幅缩短、创业活动更加活跃，大批新型孵化器不断涌现。以 2005 年在硅谷创办的 YC 为代表，YC 以批量孵化、高倍退出的成功模式再次掀起全球新一轮孵化器发展浪潮，其中，涌现出 Plug and Play Tech Center（2006）、TechStars （2007）、Youweb （2007）、DreamItVentures（2008）、LaunchBox Digital （2008）、LaunchPadLA （2009）、Hacker Dojo （2009）、AngelPad （2010）、ExcelerateLabs （2010）、Mass Challenges（2010）、Startup Sauna （2010）、Startup Sauna （2011） 等一大批新型孵化器。

创新型孵化器除启迪之星孵化器、百度开发者创业中心和亚杰商会三家孵化器成立时间较早之外，其余均为 2007 年之后成立，并且在 2010 年之后呈现出快速、稳定增长的态势。整体在创建时间上较硅谷稍晚，但后期发展势头迅猛，加之车库咖啡、3W 咖啡等社区型孵化器，以及创业家、创业邦等媒体型孵化器的涌现，中关村创新型孵化器整体呈现出与硅谷同步创新发展的态势。而综观其他国家及国内其他省市、地区，中关村创新型孵化器在出现时间、孵化理念、发展速度等方面均处于相对领先的地位。

经验表明，孵化器参与到有序的区域分工与合作中去，能有效地避免资源浪费，充分发挥“要素聚集效应”的最大化，促进区域经济的持续增长和城市化水平的健康发展。孵化器的成长可以看成集聚与扩散两种力量相互作用的结果，同时也可以看成是对其他地域扩散和在本地域的集聚。

当前在全球具有活力的那些科技园区，如美国的硅谷、英国的剑桥科技园、爱尔兰的高技术地区、瑞典的斯德哥尔摩高技术地区都表现出了在创新文化推动下相互协同加速创新的特点，这些地区也就成为科技型孵化器最重要的集聚地。因此，孵化器的选址主要取决于当地的创新创业资源的发达程度以及创业企业的集中度。一般来说，孵化器所在地应具备较丰富的创新创业资源，如人才、资金、技术等，同时，也应是大量初创企业较为集中的区域。海淀区是互联网产业发达的地区，不但聚集了大量的互联网领域人才，还聚集了大量互联网企业与初创企业，加之日渐成熟的投资环境，使得海淀区成为多数创新型孵化器的首选地。

从注册地点可以看出，80%的创新型孵化器主要集中在海淀区。这也表明中关村创新型孵化器的建立符合孵化器地缘选择的特征。调研中，我们也从对孵化器和被孵企业的访谈中，问及注册地址的选择问题，发现除了创业邦选择在西城区是因为该区域较为发达的媒体资源，师林孵化器选在昌平是鉴于较好的医疗产业基础之外，其余孵化器均表示选择海淀区的原因在于丰富的高校资源和浓厚的创业氛围。其中，中美企业创新中心注册地址虽在东城区，但是，在调研中也表示，希望能在海淀区，特别是中关村创业大街附近建立孵化器的展示、联络中心。一方面可以加大对孵化器的宣传，另一方面可以加强与其他创新型孵化器的沟通与联系，分享产业聚集的溢出效应。

与国外传统孵化器一样，我国传统孵化器主要由政府部门投资或补贴建立，27 家创新型孵化器创建主体更多的是由社会资本组成。社会资本创办的占比达到 89%，其中，12 家由成功企业家和投资人创办，7 家由平台型或大的企业或集团创办，5 家由高校或高校控股集团创办，1 家由企业和协会共同创办。

社会资本为主的创新型孵化器与传统政府主导型的企业孵化器相比，创新型孵化器具有极为优越的天然优势。通常，社会资本主要分为两个类型，一是以成功企业家或投资人为主的自然人；二是以业界巨头或平台型企业为主的企业法人。

对于以成功企业家或投资人为主的创新型孵化器而言，成功企业家和天使投资人作为孵化器的创建者，天然具有创办企业、从企业股权增值中获益的经验，加之丰富的人脉资源和专业优势，使得他们创办的孵化器一经建立，就拥有高水平的管理团队、较强的专业辅导能力和行业资源支持，其创新创业服务也更具专业性和高效性。例如，亚杰商会由归国华裔、本土成功人士和跨国集团高管共同建立而成，不但可以将硅谷的成功经验带给中国的创业者，还凭借其在业界的影响力，吸纳了一大批各界精英人士成为商会的导师、创业家学员，形成了一个志趣相投、相互交流、资源共享的组织。再如，车库咖啡由原蓝汛（China-cache）投资总监苏菂发起，10 余位天使投资人联合投资设立；3W 的创始人许单单是互联网分析师，背后还有 100 多位股东都是商界精英和知名投资人，如徐小平、沈南鹏、曾李青等；创新工厂的李开复曾在苹果、SGI、微软和 Google 等多家 IT 公司担当要职，具有丰富的业界经验和广泛的人脉关系。

以业界巨头或平台型企业为主的企业法人为创办者的孵化器在国内较少，但是，在国外已经得到了快速的发展。例如，在加州卡波迪娜的松下孵化器希望通过吸引创新企业入驻来产生新的战略合作伙伴，而路透社孵化器则依靠自己的员工促进创新。孟山都的尼达斯中心通过激励当地的企业家精神来实现更广泛的经济发展目标。智能系统是投资早期阶段的科技企业。可口可乐的菲斯恩互联网企业孵化器主要帮助初出茅庐的企业家把富有创意的想法变成一门成功的生意，并对公司重组有所帮助。

在创新型孵化器中，也不乏此类孵化器。本报告将业界巨头或平台型企业为主的企业法人为创办者的孵化器主要分为两类：一类是独立于母公司，自负盈亏的专业孵化器模式，如石谷轻文化创业基地、中美创新中心、云基地、厚德创新谷；另一类是由母公司全力提供资金支持，作为公司的独立项目运用部门运作。如微软创投加速器就是典型的大公司主办的孵化器，其场地、技术、孵化服务所需资金均由微软提供，属于非营利性质的孵化器。微软创投加速器由于雄厚的资金支持和母公司自身强大的技术、市场等资源，可以极大地促进被孵企业快速成长。而微软创办孵化器的动因主要是通过支持那些经过选择的企业，有助于满足提高自身信誉度等特殊目标。

与其他类型孵化器相比，以业界巨头或平台型企业为主的企业法人为创办者的孵化器具有更为明显的行业资源对接优势和产品渠道优势。此类孵化器依托母公司的行业领军优势，征集筛选各自领域内的创新项目和团队，提供技术服务平台、种子基金、团队融合、行业资源对接等服务，帮助企业快速成长，实现业务发展和投资的双重收益。例如，石谷轻文化创业基地除了提供基本孵化服务，如场地服务等，还凭借着趣游集团在游戏领域的地位和营销渠道，通过购买入孵企业第一款产品的方式，解决入孵企业的市场问题。微软创投加速器则利用微软自身广泛的产品线和合作点，帮助入孵企业或团队寻找用户。

◎ 创新型孵化器的特点

传统的孵化器多是政府主导的非营利孵化器，实施的多是“大孵化”的战略，即孵化的过程从蛋开始，到鸡已出生，再到成熟的鸡。例如，追求入孵企业经过孵化器的孵化，发展得越大越好，追求公司规模、解决就业、税收贡献等方面的高标准。在这种导向指引下，孵化时间较长，多为2~5年。但实际中，更多出现了入孵企业在孵化器中长时间存在的情况。这些入孵企业始终长不大，却也还可以承担场租，从而成为传统孵化器较为稳定的场租收入来源，造成多数孵化器孵化周期长、孵化效率低的现状。而创新型孵化器的孵化效率要远远高于传统孵化器，其毕业机制也随孵化周期、孵化目标的不同，创新型孵化器相较于传统孵化器，正在呈现出以下特点：

（1）增值化

增值化即效益化，是指孵化器的功能要由传统的公益性社会组织转变为营利性或者兼顾营利性和公益性的经济组织，取得并不断提高经济效益是市场经济对现代企业最基本的要求[①]。

在市场经济条件下，任何形式的企业运作必须赚钱，否则就不能生存。而孵化器作为一种新型的创业服务企业，同样，孵化器的运作不能只是花钱，更重要的是努力通过改进自己的服务项目（如中介服务和管理服务等），甚至是创造新的服务项目来为在孵企业提供增值服务（如资本运作和品牌运作等），并且获得相应的回报利润。

因此，许多孵化器在达到相应的规模，入孵企业达到一定数量之后，孵化器就具有独立运行的能力，可以在坚持企业化这一基本目标的前提下，通过法律、税务、财务、咨询及其他一系列增值服务获得相应的回报，产生一定的经济效益。然后，孵化器以其收益的一部分用于投资，实现资本增值，获取更大的收益。

现在许多创新型孵化器已在尝试，如3W咖啡已经通过场租及相关服务的打包形式，收取费用；云基地也通过有偿的财务、税务、物业服务收取报酬。

（2）企业化

20世纪90年代以前，中国90%以上的传统孵化器是以政府为主

① 林强，姜彦福，高建．我国科技企业孵化器的影响因素及发展对策［J］．中国科技论坛，2003-02-25.

导，由政府出资建立的。创办主体主要以政府部门、大学、社区机构等公共部门为主，主要是非营利性孵化器。这类孵化器受到政府管理的限制，在资金、管理人才方面存在严重短缺。

互联网浪潮催生的新型孵化器大多是由成功企业家、天使投资人等私有部门创办的营利性孵化器，创办主体向私有部门转变，真正实现了政府角色的转变，政府对创新型孵化器的管理主要为间接管理，不干涉其运营，从而使孵化器摆脱了对政府的依赖，提高了孵化器的效率。

创新型孵化器的创办主体也呈现出向私有部门转变的特征。2009年以后，新出现的创新型孵化器88%由私有部门创办。同时，营利性孵化器和非营利性孵化器的边界越来越模糊，部分公共部门创办的孵化器开始向营利性转变，大企业和成功企业家开始介入公共服务领域，创办非营利性的孵化器。整体创新型孵化器呈现出企业化运作的特点。

（3）孵化链条向早期阶段延伸

不断完善的创新创业环境，以及领军企业对原创技术和天使投资对优秀早期项目的迫切需求，吸引了海内外高端人才和项目在中关村聚集，催生了一批服务于创业者和早期项目的创业服务机构，整体孵化链条向早期延伸，完善了创业服务链条。

其中，车库咖啡、3W咖啡依托开放办公和咖啡文化，建立成功企业家、天使投资人等与创业者思想碰撞、资源对接的平台，发掘新技术新创意；“创新中国”“黑马大赛”采用创业大赛形式汇集大量早期创业项目；清华X-lab的“创业行”课程开展优秀学生创业项目的筛选与孵化，形成了从源头上发现和汇集原创技术和优秀团队的机制。

（4）孵化服务向要素化发展

要素化是专业化的必然结果。专业化是指孵化器在发展过程中要找到自己的核心优势。由于时间、精力和资金等资源有限，孵化器不可能擅长所有的行业，因此需要聚焦于某一个或者几个相关的行业，并发挥自身在这一领域的核心优势。孵化器朝专业化方向发展，主要表现为孵化器根据提供服务对象的不同，划分为不同专业类型的孵化器，成为专门针对某个高新技术领域进行成果转化和中小科技企业培育的孵化机构。在孵化场地的设计和使用上更加注重专业性，在各项服务上专业色彩浓厚，比综合性科技企业孵化器在技术、市场信息、人才培养方面更具专业特色，因而其孵化能力和服务水平都比较高，从孵化器中毕业的企业发展潜力也比较大。

专业化程度的进一步加深，推动了孵化服务向要素化分化。从生态要素角度，已自发形成具有内在专业化分工的创业服务生态：创新工场等创业加速器；车库咖啡、3W 咖啡等创业咖啡；36 氪等科技博客；创业邦、创业家等创业媒体平台；天使汇等融资平台；创客空间的硬件创业平台；清华 X－lab 的早期创业苗圃；等等。

（5）经营载体轻资产化

与传统孵化器拥有大量的孵化场地不同，创新型孵化器建立之初，就鲜有孵化场地。孵化场地面积较小的，如亚杰商会、创业邦、天使汇等孵化器，根本不提供孵化场地。清华 X－lab、车库咖啡、创业邦、3W 咖啡等，孵化场地面积有 500～600 平方米，由于有限的空间还要开辟出培训或创业辅导的空间，所以供入孵企业办公的场地面积就更少。而石谷轻文化创业基地（趣游科技集团有限公司）在创建之初，可以说是中关村创新型孵化器中屈指可数的拥有较大孵化场地的孵化器。但是，在经历了前期大规模投入，低标准准入的粗放发展之后，根据游戏市场的发展形势，果断缩减孵化器规模，弃租约 2/3 的孵化场地，集中力量，提高准入标准，并强化孵化服务，形成特有的依托集团，又相对独立的孵化器模式。石谷轻文化创业基地（趣游科技集团有限公司）

的发展历程也印证了创新型孵化器轻资产化的特点及发展趋势。

（6）“小孵化”战略

与传统孵化器的“蛋”到“小鸡”再到“成熟的鸡”的大孵化模式相比，创新型孵化器多实行“小孵化”战略，即孵化长度不再覆盖从“蛋”到“小鸡”再到“成熟的鸡”的全过程，而是选择整个过程中的某一个阶段或某个环节对入孵企业进行孵化。孵化目标也不再单纯追求孵化出的企业上档次、上规模，而是以激发创业热情或提供创业资源对接；或帮助企业获得第一轮融资为目标；着力于新兴企业的良好成长环境，努力缩短孵化时间，提高资本流通与回收速度。

在实际运行过程中，许多创新型孵化器周期非常短，而更多孵化器并没有固定的孵化时间。因此，中关村创新型孵化器灵活的孵化模式加快了孵化企业间的流动，从而实现了源源不断地输出毕业企业、引进新的孵化项目孵化流转机制。

孵化器从无到有，从少到多，在日前召开的中国孵化器简史 30 周年庆典上，与会专家和从业人员认真总结了过去 30 年取得的经验和当前现状，并提出了未来的发展方向。“星星之火，可以燎原”，从中关村走出，全国各地政府开始注重发展孵化器，播种、生根、发芽，可谓遍地开花，呈现繁华之势。

第三章

创客和他们的故事

如果说前两章简要地从宏观角度描述了创业是什么、创新是什么、孵化器是什么，以及中国孵化器发展的历史、现在和未来的话，那么，接下来，将从实际案例结合创业者的需求，从微观上看看这些创业者们的酸甜苦辣及有灵魂的双创故事。本章将从不同行业选择比较有典型意义的创业故事，分小标题展开，兼有趣味性、知识性和借鉴意义，以便让读者能更加深入地了解创业者是什么，他们是怎样创业和生活的。我们从不同行业选取有灵魂人物代表的灵魂故事加以解读。（注：以下案例排名属于随机，排名不分先后。）

01 陈本峰：云配适——200%的专注

让互联网在各种设备里无缝穿梭，只要有屏幕。

有些人注定成为焦点，如陈本峰。

儿时打游戏，他打到市里所有游戏厅的老板都认识他。后来打篮球，他成为校队的主力中锋并参加全省篮球联赛。受伤后躺在病床上，由学渣一跃成为学霸，高考逆袭成为全市第三。大学时参加创业大赛拿了第一名，大二就加入创业公司科大讯飞。在香港读研时，开始做云适配课题并申请了专利。毕业后去了多少人梦寐以求的美国西雅图微软总部。2012 年，这位焦点人物，创办了云适配公司，开始用一行行代码改变世界。

“我最大的特点，就是无论做什么，都能做到 200% 的专注。”当被问到如此耀眼的秘诀时，陈本峰如是说。他就像聚集太阳能点燃圣火的凹透镜，总是能把所有精力集中在一点，排除所有干扰，战胜一切困难，在别人的惊叹声中，将事情做到极致。

云适配技术也被陈本峰做到了极致，很多媒体用“神奇”二字形容它的妙处。通过云适配技术，只需在原网站中插入一行代码，即能实现网站移动化，解决所有适配和营销问题。

更让人惊讶和赞叹的是，陈本峰主动带领云适配团队“革自己的命”，推出新产品 Amaze UI，帮助没有传统网站的企业，从开始就做出“完全自适应”的网站，并将其开源。

2012 年 9 月至今，云适配的技术平台已经吸引了超过 20 万名开发者加入，云适配跨屏云也成功应用于超过 30 万家企业网站，包括微软、联想等世界 500 强企业，光明网、《中国青年报》等知名媒体，清华、北大、中科大等知名大学，以及中国政府网、中国共产党网等政府机构。

◎ 从游戏迷到灌篮高手，从学霸到编程大牛

初中时，陈本峰特别沉迷于打游戏，打到学习成绩一落千丈，打到市里所有游戏厅的老板都把他列入了黑名单！大多数人，一个游戏币玩一会儿就没了，他却能够玩整整一天。为什么？因为他玩得太专注了，总能在游戏里找到窍门。

后来父母很担心，开始转移他的注意力，让他学习打篮球。于是，他又迷上了篮球。不管刮风下雨、白天黑夜，都会看到他在操场上练习。当时球场没有灯光，他就借着月光练习投篮。

很快，他成为校队的主力中锋，打过全省篮球联赛，还期待着打 CBA。但没想到，在一场比赛中，他受伤了，断了两根骨头，这次事故转变了他整个人生轨迹。

打着石膏，吊着脚躺在床上，好动的他整整两个月被困在那里。实在无聊，他就拿起高二的物理、数学、英语课本看，看着看着竟然也入了迷。于是，原本排 250 多名的陈本峰，英语迅速考到年级第一，高考考了全市第三，物理和化学都是全年级第一。

想知道学渣迅速变学霸的秘诀吗？别急，在此奉上陈氏高考宝典！

临近高考时，在别人大量做卷子的时候，他却把同一套题目连续做七八遍。熟能生巧，在不停地做同一套卷子的过程中，他悟出了很多背

后的原理。他发现对推导性很强的学科，如物理、化学等，尽管题目千变万化，其实考点是不变的，只要把考点弄会了，不管什么题目，都能迎刃而解。

这种学习方法是他在打游戏时学到的。打游戏时，他发现很多人玩不长久是因为他们只会用蛮力，总想跟电脑对抗。如果认真观察，便会发现游戏有很多 bug，你利用它去打就很容易。其实学习过程也是在找 bug，找到问题最根本的本质所在。

做任何事情，他都会努力找到本质并极其专注。大学后陈本峰迷上了编程，把学校图书馆里所有关于编程的书都看了一遍。他每天坐在图书馆地板上，一看一整天。有一本书叫《VC + +6》，图书馆里没有，自己买又很贵，98 元钱，相当于他半个月的开销。所以，他每天去学校旁边的书店看。书里有很多代码，他就拿笔记本去抄。那本书一共 960 页，他整本都抄了下来，花了两个月时间，一共抄了 40 多本笔记，并且把里面所有的实例代码都试了一遍。当时他没有自己的计算机，都是在纸上写程序，然后再到学校机房里敲出来。

大二时参加学校的软件大赛，他们拿了第一名。为了参加比赛，他们租了一台计算机，费用比较贵。为了充分利用每一分钟能开机的时间，他们在每天学校宿舍有电的时候，即早 6 点到晚 11 点，都要编程，讨论问题都在熄灯之后。熄灯之后，他们就搬个小板凳到宿舍楼外面的路灯下，坐在草地上讨论。那是在寒冷的冬天，他们常常讨论到夜里两三点。然后早晨 5 点半起床，打着手电洗脸刷牙，在 6 点前准时坐到电脑前开始编程。

这些经历，让他如同练了代码领域的《九阴真经》，任何代码都不在话下了。

◎ 人生最大的财富是经历

因为软件大赛的第一名，大二时陈本峰就被招入了科大讯飞这家创业公司，做语音合成。

当时他们面临很强的竞争对手，IBM、贝尔实验室、微软等巨头都在做语音，科大讯飞只是偏远城市里的一个实验室而已。但是后来，只有科大讯飞做得很大，并于2009年上市。在这里，他体会到了创业的艰辛，也深深地意识到：一是大公司并不可怕；二是很多事情，起初做起来非常辛苦并且成功看似遥不可及，但只要坚信这个方向，一直做下去，就一定会有收获。

在科大讯飞时，他还发明了一种中文分词技术，将分词的准确率由70%提高到92%。他不仅参考一般分词时用的《汉语大辞典》，还搜集了无数网页。在一个暑假内，他将原来只有5万个词条的词典扩充至30多万个词条。

在此基础上，他发表了许多论文。老师说，当时他发表的论文，已达到博士生毕业论文的水平。虽然并没有因此拿到博士学位，但专注地做好一件事情本身就带给了他无限乐趣。

大学毕业以后，陈本峰选择去香港读研究生。在那里，受导师的影响，他改做互联网标准。导师Vincent教授对陈本峰的人生影响很大。Vincent教授是一位在学术、工商业、政府业务等方面都取得了极大成功的全才。他当时就预测未来人们会用手机上网。这促使陈本峰在研究生期间就开始做云适配这个课题，并申请了国际专利。2005年起至今，陈本峰一直致力于浏览器适配问题，这为后来创立云适配公司做好了积累。

硕士毕业时，陈本峰同时拿到了微软和谷歌的offer，基于对IE的兴趣和一直以来的“微软情结”，他去了美国西雅图的微软总部。

在微软，陈本峰获得的不仅是高薪、技术提升和人脉，更是视野的扩展。曾经觉得自己“很牛”的他发现，真是天外有天。当年微软的老板，带领 IE 团队把整个市场从 1% 做到了 98%。这位老板似乎拥有双核大脑，能够一边跟你说话、一边写代码！十几个人需要花两三个月做的事情，老板一个人十几天就做出来了。

陈本峰说，如果当时留在讯飞，他现在也早就不用工作了。但他从来不后悔自己“出去转了一圈”，因为人生最大的财富是经历。他在国外看到了很多有意思的事，认识了很多有意思的人，这给他的生命增添了很多色彩。

◎ 将科研用于提高生产力

受到导师“将科研用于提高生产力”思想的影响，陈本峰一直在琢磨把研究生的课题产品化。他想自己做点事情。

移动互联网时代来临，未来互联网除了用手机、平板以外，还会有电视、手表、眼镜、汽车屏幕等。这么多屏幕，大小、操作方式都不一样，传统网站形式已经不能适应多屏互联网时代。这是一个契机、一个需求，所以陈本峰坚定地选择回国创业，希望帮助企业把网站适配到各种各样的屏幕上。

2011 年，他回到香港后，开始把 PC 的内容适配到移动端。他研发的专利技术，只需插入一行代码，就能将原网页转换成移动版。拥有这环球独有的技术，新创企业发展得很顺利，但香港市场太小了。所以，2012 年底，陈本峰和两个创始人“两眼一抹黑”，来到了中国的“硅谷”——中关村。

黑暗中的光亮就是孵化器。当时正好微软云加速器在中国成立，虽然听说录取比哈佛大学还难，但陈本峰还是决定试试。当时微软孵化器有自己的网站，陈本峰就把这个网站移动化了，给孵化器的人看。孵化器的人觉得这个产品很实用、有需求，云适配就被录取了。

在这里，云适配享受到很多“无私”奉献：免费的办公场地，很多配套办公设施，打印、网络、水电，甚至连饮料等都是免费的。最为关键的是微软为云适配提供了强大、安全、稳定的云平台支撑，大大节约了其创业成本。办公场地对人才招聘有很大的影响。如果在民宅里招人，应聘者一过来就觉得不靠谱。如果把他领到微软这个高大上的办公楼里，顿时感觉就不一样了。同时，孵化器在企业注册、工商、税务等方面的帮助，将创业者从这些琐事中解放出来，从而更专注于产品。微软孵化器还会提供不同领域的资源对接，并且有导师定期开会答疑。

云适配早期就顺利接到了几个比较大的客户，如联想、中关村管委会的官网、中国政府网、国务院网站等。因为国务院网站项目，陈本峰还去了一趟中南海。这件事给了云适配很大的信心，国家现在越来越开放了，以前国务院的网站是不可能让这么小的公司来服务的。

技术是云适配的闪耀点，明星团队也是其优势之一。除了陈本峰曾是微软美国总部 IE 浏览器核心研发成员（IE8、IE9、IE10）、科大讯飞初创团队成员，其联合创始人高婧负责团队的商务，毕业于哈佛大学、香港科技大学商学院；负责销售的胡刚，是谷歌销售团队“年度最佳员工”；设计师高雁，曾是美国 Blue Train Mobile 的设计师。

怎样做到集中这么多精英？陈本峰说，有的是校友，有的是朋友，大部分是慕云适配技术名而来。“因为云适配不是玩概念，也不是玩商业模式，是实实在在的技术。”

选人时，陈本峰既看重专业素养，更看重个人潜力和成长性。他希望整个团队是多元化的，每个人都可以在自己负责的领域独当一面，做到专业里最佳，而且是精益求精，整个公司的企业文化就是精益求精。

“今天的微软帝国，来自不断的创新和对极致的追求。”陈本峰在创业中一直坚持比照微软的创新精神。“微软用产品改变了世界，我希望我的产品也能改变人们的生活。”陈本峰说。

梦想带来的激情胜过一切严格的管理。陈本峰坦言，公司的管理比较松散，并不打卡。他做了一个假设——“所有云适配的员工都是聪明人”，“而对于聪明人来说，不会浪费时间更不会辜负青春。他们不需要太多的管理，只要给一个正确的方向，良好的氛围，就会得到别样的惊喜”。

◎ 革自己的命，引领行业

尽管在适配领域“一枝独秀”，但云适配团队并没有躺在这里高枕无忧。云适配的愿景是：让互联网在各种设备里无缝穿梭，只要有屏幕。于是，他们主动“革自己的命”。去年推出一款新产品 Amaze UI，帮助没有传统网站的企业，从开始就做出“完全自适应”的网站，它能够跟随屏幕大小自动变换，完全能够自适应各种屏幕。这款产品是全中国第一款，发展得非常好。而且，陈本峰做出了一个更大胆的决定：将新产品 Amaze UI 开源。

对，是比免费更免费的开源，把源代码都放在网上，任何人都能搜到。在抄袭成风的环境里，怎么敢做开源产品？

在他看来，这就是国内和国外思维模式的区别。在国外给企业提供服务的公司软件都是开源的。国内很多浏览器和平台，都存在兼容性问题。花一个月时间开发一个网站，可能还要花 3 个月时间解决兼容性问题。陈本峰认为，每个网站都要花这么多时间去调适，是整个社会资源极大的浪费。所以他想把自己的产品开源出来，调好了就放在网上。而云适配没有覆盖到的内容，别人也可以帮助调适。“赠人玫瑰，手有余香”，帮助别人也是在帮助自己。大家都来贡献，都节省时间，避免重复劳动，并能很好地兼容所有设备、所有浏览器。他们的口号是：让程序员节省开发时间，更多时间陪“妹纸”！

采访者不禁好奇：您不担心今后大家都直接用免费的开源产品吗？

陈本峰说：这正是互联网的商业模式。你找到一个需求点，并深深地把这个需求点打深、打透。但是，你往往不通过这个需求点赚钱，而是慢慢展开。因为任何一个强需求点，周围都会围绕很多其他需求点，你把其他需求点覆盖掉，就可以赚钱。即聚集一大批用户后，挖掘其他的商业模式，如腾讯 QQ、微信、小米。

“做企业，必须要有勇气不断颠覆自己。如果你没有办法颠覆自己，那就等着别人来颠覆你。”这是陈本峰一向坚信的。诺基亚当年就是因为功能机卖得太好了，所以没去做智能机，柯达也是如此。在云适配推出新的开源产品时，很多人都觉得和云适配最初的业务是冲突的。陈本峰跟团队说：“被别人革命，那还不如自己革自己的命。”

这就是云适配的精神：永远引领潮流，不管行业发展到什么地步，都要让这个行业再往前走一步。引领行业，是云适配的基因。

◎ 做有灵魂的公司

在中国，很多人创业就是奔着成功去的。看到一个东西成功了，就会一窝蜂地去做。如早期的团购、后来的互联网金融等。陈本峰认为，创业应该是因为真的很喜欢这件事情，要做这件事情去实现人生价值，而不是要通过创业买两栋房子。

太功利的创业，往往会以失败告终。因为创业是非常艰苦的，如果你不坚持这件事情，往往做一段时间以后就放弃了。跟风去做的人，如同开始一段旅程，却不知为什么要出发。你只是看到有人走了，就跟着走，觉得前面有金矿。但是，很可能走的过程中，很清楚自己为什么出发的人，跑着跑着拐个弯就不见了，而你就会掉在坑里，非常迷茫。如果此时你正在沙漠里或孤岛上，你可能会很慌乱，很容易就会放弃。

如同当年做语音，最后只有科大讯飞坚持了下来，正是因为王仁华教授一辈子就研究语音，他很清楚为什么要做这件事情。科大讯飞有个愿景：计算机要跟人一样能听会说。微软创立时的愿景：让每个家庭的桌面上都有一台计算机；波音的愿景：让世界上任何两个城市之间一天之内到达。这些公司为什么能做大？因为它们都是有灵魂的公司，灵魂就是公司的愿景。如果创业目标就是赚2000万元，这样的公司，如同没有灵魂的行尸走肉，哪儿有声音就向着哪儿去，这能走多远呢？

有了灵魂，才能战胜创业过程中的种种艰辛。作为一个创始人，十天里可能有九天都是挫折，这是陈本峰的真实感受。但他说，重要的是，能否把创业当成一种享受，把所有挑战和困难都当作乐趣。创业对人的改变，就像脱皮一样，得一层一层往外脱。自我突破的过程极其痛苦，只有有明确愿景的人才能忍过极痛，然后，你会发现，自己和企业，都已脱胎换骨。

当然，不是每个人都需要或愿意接受这种蜕变，创业这条路也并不适合所有人。现在，国家鼓励全民创业，这有点像当年美国鼓励西部大开发。一队一队的人去，最终有几个人能活下来？

中关村创业大街，英文名是“innoway”，意即“创新之路”。其实，分开来即“in no way”，也可能是进去了，没有路。

怎样把“in no way”变成“innoway”？请弄清并牢记自己为什么出发。然后，以200%的专注，点燃你的圣火。

点评：专注是企业的核心竞争力之一，坚持理想，敢于实践。这必将成为未来企业立于不败之地的不二法门。陈本峰的故事不是孤例，但是这个故事告诉我们唯有专注、颠覆和创新，才能成就有灵魂的公司。

02 罗旭：百米跨栏中飞奔的举重运动员

你敢把自己重新当作小学生吗？

罗旭，中国企业移动互联网领域的领军人物，移动销售管理工具“纷享销客”创始人兼CEO。你也许无法相信，几年前，他还是互联网行业的门外汉，甚至连“DAU”等基本概念都不知道。因为，他之前一直做的是传统媒体。

罗旭曾任《南方都市报》常务副总裁，后参与《新京报》创业。2011年，这位资深媒体人，以38岁“高龄”纵身一跃，跳下传统媒体这辆“绿皮火车”，坐上了互联网创业的“高铁”。最初转行时，朋友都劝他，别瞎搞了，他却把自己当作小学生，从头开始学习互联网行业知识。“认为转行难的人，核心问题是不学习，内心恐惧学习！”罗旭说。

纷享科技的创始团队大多是“互联网小白”，但他们迅速研发出了备受欢迎的互联网产品——纷享销客。这款销售管理工具采用类似微博、微信的社会化交互形式，对传统 CRM、OA 进行了颠覆性创新，并且将 CRM 与 OA、手机与 PC 进行了有效融通，支持销售外勤管理、销售过程管理、轻量级 CRM、销售协同等。因其直面中小企业刚需，解决企业实际问题，上市后很快就获得了用户的广泛赞誉，并成为微软创投合作项目、IDG 资本投资项目。

纷享科技创立以来一路狂奔，9 个月就跑到了行业的前头，不停地融资，大举扩张。2014 年下半年完成 B、C 两轮融资，共计 6000 万美元。公司现已有 600 多人，2015 年扩至 1500 人。总部在北京，并在上海、广州、深圳、杭州设有 4 家分公司，已有 7 万多家企业用户。罗旭的创业经历和“纷享销客”产品被新华网、凤凰网等百余家媒体报道。

罗旭幽默地说，媒体对我们的关注，一是因为我们在互联网行业中属于“高龄”创业；二是媒体不明白，这个团队都是媒体人，为什么要跑来做互联网？还有，企业市场一直是慢市场，为什么纷享科技跑得这么快？

借用他的比喻就是：“我们本来是举重运动员，却突然来跑百米跨栏，还迅速跑到了前面……”

◎ 举重运动员为什么要跑百米跨栏

“你要判断你需要什么样的生活。”罗旭大学毕业后去了中国建筑，这是一家优秀的国企，但他更喜欢报纸的人文、责任和担当。那时想还年轻，还有大把机会，所以就出来，去了《南方都市报》，后参与《新京报》创业。当时，能做一份有责任、有担当的媒体，是很多人一生中最荣幸的事情。但到了 2011 年，罗旭认为自己想实现的都实现了，他已经没有能力推动这件事情再往前走了。

罗旭决定创业。虽然媒体是他擅长的，但罗旭觉得这个选择的想象力和空间有限，不像做移动互联网，是对整个传统产业的颠覆，有很多新机会，这是他喜欢的。

2011 年，手机玩微博、收发邮件已经非常流行。罗旭想，既然大家在手机上刷微博，为什么不能在手机上做一些工作的交互呢？他在《新京报》负责广告时，在路上的很多时间都浪费了。如何利用好高度碎片化的时间？如何创建在线型和连接型企业？如何做到人人在线，及时交互，以提高整个组织的效率？罗旭知道，这里存在着很大的需求。

就在 2011 年，罗旭从《新京报》辞职开始创业。其实，当时他只是有了对移动办公的初步概念，还没有具体的想法。

但他坚信，创业是实践科学，一定是做出来的，不是想出来的。除了看得足够远的眼光，最重要的就是勇气，能否在一件事情，仅仅是起步和萌芽阶段就大胆尝试的勇气。在尝试过程中，你自然会找到规律和切入点，一直冥思苦想，等机会成熟时，也就没有机会了。有了一个小米，就很难再复制第二个小米。

于是，作为“互联网小白”的罗旭，重新做起了“小学生”。转行之初，罗旭经常到同行公司里，问很多很初级很幼稚的问题。别人听了都会笑他，“你别搞了，瞎折腾，你连这些常识都不懂”。但罗旭没有不好意思，反而觉得这样挺好。“现在什么都不懂，不懂搞懂不就行了吗?”

加入微软加速器后，有专门的导师和一系列培训，罗旭和团队能更高效地学习了。加上他们的空杯心态，很快就填入了大量新东西，并在和其他团队的交流中扩大了视野。

进入学习模式的罗旭很痴迷。曾经好几次，晚上做梦他都在想产品，当有关键想法和思路的时候，他会迷迷糊糊地强迫自己起来，打开电脑，把它记下来，否则第二天什么都忘了。很多好创意都来自梦中。

站在百米跨栏的起跑线上，这位举重运动员充满了自信。

◎ 举重运动员为何能在百米跨栏中遥遥领先

纷享科技的发展速度快得让很多人觉得“不可思议”。他们为什么能跑得这么快？罗旭觉得主要有以下几点原因：

1. 打井 VS 自来水

移动互联网的核心是通信，纷享销客底层是一个通信软件，它更像微信，在微信的基础上构建了业务。用起来特别方便，这是它与传统办公软件的本质差别。传统厂商只是把 OA 搬到手机上而已，还是功能型软件，用起来很麻烦。在移动互联网时代，纷享科技就像一家生产手机的公司，传统厂商更像生产 BB 机的公司。把 BB 机搬到移动端来，还是没机会。这是产品理念的区别。

还有商业模式的差别。传统厂家虽然把产品放在手机上，但还在企业内部部署，成本和维护费用都很高。纷享科技是纯云的商业模式，在云端做集中服务，技术门槛非常高。企业不需要像以前一样买软件，只需租用。传统软件相当于打井的公司，到你们家去打井，打一口井 10 万块钱，打完之后公司定期来给井消毒。而纷享科技相当于自来水厂，自己有一块水源地，只要把管线牵到你们家里去，安上水龙头和水表就可以了，用时拧开龙头，不用时关上，非常方便。这种商业模式，是未来的趋势。

2. 痒点 VS 痛点

纷享销客的定位是销售管理，不是全面的移动办公。目前中小企业的刚需还不是移动办公，而是销售管理。

起初，很多人觉得移动办公市场很大，做销售管理就切得太窄了，会把市场做小。但罗旭不这样认为。互联网重要的是做精、做专、做透、做一个领域，然后横向发展。当微信有 500 万用户的时候，就是一个小工具；当有5000万用户的时候，就是一个平台；当有5亿用户的时候，微信就是一个生态，涵盖了新闻、游戏、娱乐、消费等领域。纷享科技也是如此，积累足够多的用户后，会自然由工具向生态转变。

定位很重要。做移动办公过程很漫长，而销售管理软件，针对性强，可以直接和销售经理谈，容易有突破。如同向一个饥渴的人卖水，抓住了顾客的痛点。而卖办公软件如同白天在海南卖棉被，尽管晚上很冷，确实需要棉被，但客户不急。这只是一个痒点，不是痛点。

3. 先把比基尼卖给谁

纷享销客有清晰的用户定位：中小企业。所有潜在用户可分为最舒适用户、边缘用户和最难搞定的钻石级客户。纷享销客对20人以下的微型公司是免费的。很多大型国有企业与市场脱节，让它们接受云、移动互联网等比较难。所以，从中小企业做起，是纷享科技最合适的选择。就像最开始有人发明了比基尼，如果到大街上直接推销给女孩子穿，多半会被骂。这时你要说服的不是这些女孩子，而是演艺明星等。如果她们觉得时尚、觉得好，后面的人自然就会跟上了。你要找到头羊，中小企业则是SAAS的头羊。

4. 找到心中有一团火的人

创业成功率在1‰至2‰之间，并不是每个人都适合创业。创业的人，应该有一点情怀和梦想，去做一点让自己激动的事，要有很强的能力挑战未知、接受失败。

罗旭找来的人，是真正有梦想的人，是心中有一团火的人。这些人愿意为了这个梦想奋斗3~5年，不计个人得失。当年乔布斯对可口可乐的市场总监说："你究竟是想一辈子卖糖水给小姑娘，还是跟我们一起改变世界？"罗旭找创业伙伴时，也会和他们说故事。这故事一定不是飘在天上的，也不是纯物欲化的，它有明晰的商业价值。把商业价值讲清楚，当别人认可相信这件事，他们自然会愿意加入。这些人中包括很多丰富经验的大企业高管，如网易的原副总裁杨斌等。

有时，遇到合适的人，罗旭会花很长时间，甚至一年多的时间进行“追踪”。这需要极大的耐心和反反复复的沟通。前期建立信任，先交个朋友，然后隔一两个月交流一次。让对方感到这边事业的不断进步，慢慢产生强烈的信赖感，最终在恰当的时候，再邀请他，水到渠成。

创业如同打仗，如果凑一帮乌合之众，枪一响就跑了，在创业面临困难时怎么办？纷享科技也面临很多困难，甚至可能资金只能支撑一两个月了。但没钱时，团队自己掏钱接着干，因为大家认为这件事肯定能成，困难只是暂时的。这和仅仅为了物质凑来的乌合之众，战斗力完全不同。

5. 市场复制型扩张

纷享科技扩张如此快速，会不会出现诚品凡客扩张时的问题？罗旭对此并不担心。因为他们的扩张，是市场复制型扩张。纷享科技的本质还是很专注地做销售管理，只是在扩展营销网络体系，力争在垂直领域里做到极致，做到让优势更强。以前是一个人在卖，现在有5000个人在卖，但是卖的还是同一套东西。因为市场已经验证这套东西有效。在把优势做得足够强后，有秩序地扩张，而不是盲目地什么都卖。

符合时代趋势的商业模式，击中客户痛点的产品，精准的客户定位，超强战斗力的团队和理智有序的扩张，让纷享销客这位“举重”选手，在百米跨栏中遥遥领先。

◎“70后”创业者的优势

纷享科技创始团队平均年龄38岁，都管理过很大的公司，这与“90后”创业者有很大的不同。很多人觉得“70后”创业的主要优势是人脉和资源，果真如此吗？

在罗旭看来，人脉和资源只是一股东风而已，创业的本质归根结底是对用户需求的理解。如果把用户的需求吃透，人脉和资源会让你的商业倍增加速。如果没把商业吃透，靠人脉把事情做成的概率非常小。人脉甚至会让你产生错觉，以为自己会有很多支持，从而忽视了应该花在用户身上的时间。人脉有时是个坑，很多人都会掉到坑里。

起初，媒体界的朋友听说罗旭要做互联网，都给他泼冷水。这些资源在创业早期并没有发挥作用。除了亲人或至交，当你没有“被利用的价值”时，你的资源就不是资源了。只有当你做到一定程度时，很多“资源”才可以利用。在纷享科技有一定规模后，媒体界的资源才发挥了作用。所以，不要迷信资源，还是要让自己变得更强大，把事做好，这样很多资源都会为你所用。

有资源可用时，也要谨慎。例如，融资方面，有了团队的努力和微软云加速器的“背书”，纷享科技已成功融资 3 次。但罗旭认为，创业者千万不要迷信融资，资本只是一个助推剂而已，本质还是产品要好。要明确拿钱的目的，不能为了融资而融资。其实，纷享科技不拿钱也可以活得很好。为什么要拿钱呢？因为团队已经把产品想明白了，拿钱是希望把 24 个月这么长的历程缩短到 4 个月。现在的竞争就是速度的竞争，VC 借给你钱，是为了让你快速实现商业模式，把产品做成熟，快速产生规模效应。所以融资不是目的，把产品真正做大做强快速占有市场才是真正的目的。

罗旭说，“70 后”创业，优势并不在于人脉和资源，而在于思想更成熟，在于看问题的角度和深度。他们特别明白自己要做什么，和什么样的人一起做。同时，他们没有太大的经济压力，对事业、金钱看得更透，做事更从容，这是“70 后”相比“90 后”创业者的优势。

点评：当大学生难，重新当小学生更难。辗转于媒体的罗旭从自身的创业经历告诉我们空杯心态之于创业是非常重要的。创业的年龄不是问题，而问题在于创业者的眼光和素质。定位、团队和市场，每个环节都考验着创业者的素质。罗旭的故事或许有一定的启发意义。

03 姜小凡：来自云端的礼物

这是利国利民的事情，不能留退路。

“我不满意，我不想等待，我也不再推诿，我要站出来做点什么。我要做的事，就在此时，就在此刻，就在此地，就在此生。”这是柴静在纪录片《穹顶之下》结尾的深情表白。如果说这部纪录片启蒙了公众对雾霾的认知，唤醒了大家的环保意识，那么，姜小凡创办的小云科技，就正在“站出来做点什么”。

姜小凡，美国伯克利大学博士，曾任 Intel 物联技术研究院首席构架师，Intel 研究院的主任研究员。读书期间开始接触物联网方向，做了一些无线传感器网络和楼宇能源监测及管理的项目，读博期间还创办了能源控制公司。毕业后姜小凡加入了微软亚洲研究院，主要研究移动互联网、利用物联网和大数据手段做空气质量检测等。

2014 年 4 月，姜小凡带领团队创办了小云科技，他们的主要产品 ATLAS 和 Mini ATLAS 是便携式可联网空气质量检测设备。放在家里或者办公室内等固定位置即可检测周围的 PM2.5 指数，并能实时显示云服务器上测得并校准的数据，帮用户轻松掌握身边更为精确的空气质量指数。

小云科技基于后台物联网云计算技术、结合廉价传感器组成的新型空气监测和分析系统，实时监测空气质量。2014 年底，小云科技已经在北京铺设了几千个空气监测点，未来在京津冀地区还会增加几万个点的部署。这些大数据信息将为政府、企业有效治理雾霾提供重要依据。

◎ 1 +1 >3

作为一个“技术控”，姜小凡喜欢做学术研究，所以毕业后曾在 Intel 物联技术研究院任首席架构师。能在顶级研究院做自己喜欢的工作，并且有稳定的高收入，这应该是很多人的理想了，但作为一个“有野心的人”，他并不知足。“如果现在就可以预见未来 20 年的生活，那还有什么意思？我希望自己的研究成果可以被广泛使用，并且能够解决实际问题。如果仅仅发表几篇论文，影响力会有多大?”不甘于只发表论文的姜小凡，在获得妻子的支持后，放弃高薪工作，开始了每个月工资不定的创业生涯。

作为一个“有野心的技术控”，姜小凡带领团队很好地做到了学术和技术科研与解决实际问题相结合。小云科技虽然在做产品，但还是花了很多时间做下一步新技术的研究。姜小凡不久前又在国际顶级学术期刊上发表了论文，并刚从在美国召开的 Sensys 计算机界顶级会议回来。小云科技的员工中也有一部分以学术研究为主，很多人有非常强的学术背景，不光能写代码，也能做研究。他们的研究并非纸上谈兵，而是用小云科技产品监测到的数据做别人做不了的研究。他们现有的数据是全世界密度最高的，研发的产品和分析技术都是国际领先的，这样就形成了良性循环。做学术，也做技术，当学术和技术结合去解决实际问题，就会达到“1 +1 >3”的效果。

◎“我相信这个人”

小云的诞生，离不开原物研院姜小凡带领的整个团队的支持。大家都非常看好空气监测仪这个项目，也非常看好姜小凡这个人，后来整个团队一起和姜小凡出来做小云科技，自始至终都团结在一起。原来在物研院做行政的Yuki，是现在小云科技的运营总监。问她为什么要加入这个创业团队，她说原因很简单："从技术上我完全不能评估这个项目能否成功，但我相信姜小凡这个人。"看似随意的决定来自于她细心的观察。与姜小凡一起共事的时候，姜小凡的团队总能及时高效地完成任务，团队氛围很好，小凡本人又非常谦和有礼，这些都是Yuki加入小云的原因。

采访中，Yuki的话很少，多数时候都安静地坐在那儿，淡淡地笑看着说话的人，内敛而随和。但当久在美国生活的姜小凡为某个汉语词纠结时，Yuki总能及时接上。如果没有对同伴的深刻了解，怎么能准确捕捉到对方想说的内容？不论是女人天生的敏感细心，还是后期的磨合培养，这样的伙伴，是很多人梦寐以求的吧！

◎ 卖房子也要创业

另一位团队"梦寐以求"的伙伴，是李岩，现任小云科技CEO。

看起来很年轻的他是团队中唯一的"70后"，前期一直做电子半导体行业，有着15年的市场运营经验，曾为中国最大的电子半导体产品代理公司服务，懂战略，善实战。他加入这个团队，除了因为"野心"，更重要的是，"要卖自己的东西"。过去许多年，他一直跟原厂做市场策划，成功策划过许多产品，但都不是"自己的孩子"，这是他一直遗憾的地方。当他关注到当时还在物研院孵化的空气检测项目时，觉得"机会终于来了"。起初小云团队几乎都是研发人员，而产品需要与市场挂钩，自己的工作经历能够与技术人员的优势很好地结合。于是，在"喝了很多次咖啡后"，李岩加入小云创业团队，义无反顾。

对比其他成员，李岩不仅有稳定的工作，还有需要负责的家庭。但他却说"即使卖房子也要把这个事业做下去"。这是利国利民的事情，不能留退路，必须相信这个事业一定能做好！

20 世纪最伟大的灵性导师克里希那穆提曾说：“人们的恐惧并不是来源于未知，而是来源于对已拥有的失去。”李岩的勇气，让人肃然起敬。他的那句“变卖房子也要创业”，极大地鼓舞了整个团队，也给了姜小凡创业“最后的推力”。

◎“小云”的宠爱与希望

小云科技在成立初期获得了北京市政府、海淀区和中关村管委会的大力支持和帮助。政府立项推进这个项目，很多企业家也对公司十分关注。中海投提供了很多机会，如展会、政府资源等，还给予房租优惠，发展中遇到的问题，都会得到中海投的帮助。

中关村梦想实验室为小云的发展提供了重要的养分补给。在这里，一同创业的兄弟企业紧密沟通，互相启发。小云就曾经在“创客 48 小时”的活动中与兄弟企业碰撞出火花。在 200 多人参加的活动中，作为提供场地的主办方之一，小云仅提供了一个数据接口，就有人在此基础上开发出“空气表情”“空气宠物”等 APP 小游戏。小云团队受到很多启发。原来，为空气做事，不仅十分必要，还可以十分有趣。

入驻中关村梦想实验室后，员工上班更近，在附近安装监测设备也更方便了，还可以充分利用周边丰富的高校人才资源。自身技术的核心竞争力，辅以良好的孵化环境，小云在孵化之初就得到了天使的垂青。现已完成产品批量生产、技术产品化改进，并组建了“五脏俱全”的团队，十八罗汉聚齐。目前团队正把市场提高到一个新的台阶，在产品功能和行业方面也会有所调整，小云正处在一个新阶段的关键时刻。

可以说，“小云”是一个幸运的孩子，在出生之后得到了各方面的关爱。但天下没有“完美的父母”，中国目前整体创业环境对创业者非常有利，但仍有可以改进的地方。

姜小凡在美国待了16年，在美国也创办过公司。对比国内外的创业环境，他觉得在美国创业是比较简单的。当时他一边读博一边与导师和师兄弟做了一个小公司，一天就完成了注册，当天就可以开始工作。来到北京后，他发现国内目前的启动过程相对还是很慢，有很多手续。在美国找风险投资也很方便，每个月学校里都会有顶级的VC来听创业者演讲，只要你有技术，尤其是再加上一个商学院的学生，就很容易被投资人选中，而中国这边找VC还是有比较长的磨合过程。此外，国内现在有些扶植创新创业企业的政策很难真正落实。例如，对创业企业的资金扶植要求企业有至少3年的经营资历，这是最需要钱的初创企业不可能达到的要求。

父母，总是在养育孩子的过程中学习如何爱。孩子，总是在爱与挑战中成长。

◎“小云”的成长计划

小云有明确的发展规划：先做政府和行业市场，然后做个人市场，后期做便携式设备。

净化空气首先要改善大环境，这需要国家和行业的支持。治理的前提是精准的监测，但国家现有的40个监测点远远不够。“我们希望做到每几百米或每个红灯处都有监测。”有了这样的密度后，就可以知道中关村哪几栋楼会产生PM2.5，工业区里有哪些工业会产生PM2.5，甚至知道炒菜是不是真的会产生PM2.5。如果在北京有3000个监测点，就可以看到PM2.5的热点变化图，从而发现问题并找出根源。例如，APEC会议前几天，北京空气本来非常好，但是某天PM2.5突然上升到500！于是，姜小凡他们就开车过去看这个热点是怎么形成的。他们发现，是因为有工地在APEC会议前抢着施工。这种监测能够获得很多国家检测完全得不到的信息，如扬尘的影响、风的作用等。

“我们把一个看似不起眼的‘铁盒子’装在到处可见的监视器上，就能从原本监视交通情况的监视器处获得监视区域的环境情况。如果发现污染现象，小云‘铁盒子’就能立即反应，留下画面数据并实时发送至云平台或者相关环保监督部门。例如，餐饮企业未经处理直接向大气排放或者渣土车运送砂石料未遮盖造成空气污染等，这些现象都会被检测到。”李岩说。

小云研发的微环境监测设备能为改善空气提供重要依据，但成本却仅为动辄几万、几十万元的进口监测设备的1/10。

监测是空气治理的第一步。通过对大数据的分析，小云科技不只在做精度监测，他们真正要做的是找到污染源和污染物的漂移内容，找出到底哪些通道能够解决雾霾，明确到底哪些方法可以控制住扬尘，弄清如何用行政和其他可控手段解决问题。这些很落地的应用，是他们正在为空气做的。

与很多企业通常的发展思路不一样，小云科技并没有一上来就把盈利作为首要目标，他们先做“量的积累”。小云通过第一阶段与政府合作，已经完成了部分数据采集，这也是通过数据分析提供解决方案这项核心技术的重要前提。在这个阶段，他们走了很长的路，已经完成了北京几千个点的铺设，未来在京津冀地区还会增加几万个点的部署。

量变到质变的过程非常难，能闯过来十分不易。李岩说，作为技术创业团队，他们并不想太商业化。企业是要赚钱，但是在做好技术的前提下，“钱用少一点，事做实一点”。现在，走完第一阶段的小云终于站在了第二个发展阶段的转折点，实现商业化并且盈利的关键节点：与企业合作。

站在这个新台阶上，小云面对着市场拓展的诸多挑战，不再是单一化的政府需求，这对产品功能、市场反应速度、成本控制等多方面都提出了新的要求。好在它已然羽翼渐丰，不论在人才储备开发上，还是微环境改善的市场定位上，甚至是详细的拓展方案及执行上都已经有条不紊地进行着。未来，他们依然最欢迎天使投资，也希望对创新创业企业的扶植政策能真正落实，来自 VC、PE 等渠道的投资他们也会考虑。

当然会有竞争，但姜小凡等人并不为此担心。“与其担心被模仿，不如跑快点。”“所有的核心技术至少领先竞争对手半年，”经常参加顶级学术会议的姜小凡说，“我们的技术不仅是与国外同步，而且在国际上领先。”所有核心内容，对外公布的时候，他们不仅已经做了，而且已经领先竞争对手半年了。

治理雾霾，是一项涉及方方面面的综合工程，庞大而复杂。京东上许多空气净化器还在脱销，淘宝上 3M 口罩也许还会涨价，治霾之路，也许还很长。不过，我们看到了希望。因为，政府在修订《大气污染防治法》；因为，越来越多的人不再等待推诿，而是“站出来做点什么”；因为，在中关村梦想实验室里，有人在努力把最前沿的科技用来解决我们每日的呼吸问题，有人宁愿变卖房子也要为蓝天事业奋斗到底。

“小云”，一个简单而亲切的名字，它的由来不仅因为公司的核心技术在云端，也是因为姜小凡的妻子叫小云。姜小凡说，这是他送给妻子的一份礼物。小云科技，也是送给每个渴望蓝天的人的一份大礼。

点评：卖房也要创业，您是否有这样的勇气和魄力。姜小凡和他的小云团队既代表着一部分海归创业者的家国情怀，也彰显了传承科学家精神的光辉。为这种情怀和精神鼓与呼。

04 邵立、商仁震：用数据说爱

体育数据不只是数字，更是一种表达方式。

邵立和商仁震都是中国最早的移动互联网开发“弄潮儿”，曾分别担任高级研发经理和资深架构师。二人共同开发了多款 Android 早期热门应用，领导过新一代大数据处理精准营销 DMP 从选型到实现的相关工作，他们对大数据环境下的数据建模与执行、结构化与非结构化数据的融合与价值挖掘、整体工程化都有一定的认识。两人在 AdMaster 主导研发的移动互联网营销数据监测 SDK（MMA SDK），已经变成移动营销行业标准，在全国范围内推行。他们也是第一批比特币爱好者，业余时间参与互联网创业多年。

除了工作，二人也是生活中的好友。对技术和数据分析的热爱使他们成为最好的合作伙伴。2013 年的一次饭后闲聊，使他们决心走出舒适区，放弃公司内部创业的机会，毅然走上了自主创业的道路。

“就是很想尝试一下自己主导的创业。”两人决心通过分析历史数据和球员能力等，为客户提供体育彩票方面的服务。让买彩票不再是缴智商税，而成为一项不错的长期投资。他们的目标不仅仅是赚钱，更是释放体育数据的力量。

2014 年 7 月，二人参加了天使汇 100X 活动并成功突围。获得投资后，他们迅速组建团队，在紧张和期待中，河马体育诞生了。

目前，国内体育数据分析还很少，专注于数据的分析和预测的河马体育优势明显。未来，他们希望有机会改进 CBA 以及我国体育项目的基础数据采集、分析方法，使其更专业化。河马体育，会更好地推广以数据说话的思维方式，将体育数据的力量释放得更完美。

◎ 躺出来的代码

2013 年 3 月，邵立和商仁震饭后的一次闲聊，迸发出了一个利用统计学习的方法论来预测篮球赛事，并以互联网彩票为载体而盈利的想法。其实两人都不是篮球迷，而是足球迷，以前基本上不看篮球。但是他们发现篮球的数据是最全面的，数据的准确性也高，而足球的数据太乱。早在这个想法之前，这对相识已久的双核组合就在技术和数据挖掘方面有深厚的兴趣，曾经基于中国足球球员的新浪微博数据挖掘分析，挖出了许多不为人知的秘密，后来被足坛反腐风暴的结果所印证。

与“晚上想来千条路，早上起来走原路”一族不同，邵立和商仁震都有着极强的行动力。“有了想法就立即实现”，让两人迅速调整了精神状态，兵分两路全力向着他们的新目标奔跑。邵立着手建模算法工作，商仁震则负责系统搭建。两台银色笔记本成了他们形影不离的好伙伴。为了在下一个 NBA 赛季之前把东西做出来，两人几乎是没日没夜地工作着。在最后联调的一个周末，两人在一个茶馆里调试系统，突然商仁震对邵立说：“我坐着时好像屁股有点疼。”大家也没有在意这事，到了深夜，商仁震实在受不了了，只能躺在长椅上写代码，后来确诊为腰椎间盘突出，得躺一个月。为了不影响进度，商仁震网购了一个躺着也能写代码的装置。后来那段代码被大家称为“躺出来的代码”。

在那段日子里，邵立也正好为结婚装修房子，经常只能坐在工地上和工人一起开工，他对此自嘲“真正体验了一把 IT 民工”。经过两人两个多月没日没夜地辛勤劳作，一个以美职篮 NBA 为突破点的最小核心模型终于完成。在模型回测性能的日子里，模型的误差和回报率成为他们唯一追求的目标。他们会为一个新的思路不生效而难过一下午，也会为一个 bug 引起的指标大跃进而开心半天。

新赛季开始的前一天，两人根据系统的预测分析，合买了第一张体育彩票，金额不大，但对两人来说却有着很大的意义。那天，很幸运，他们猜中了。

也许，当他们通过“躺出来的代码”猜中第一张彩票时，他们想到了后来河马团队十分受用的一句话：“你在夜里独自工作，反复思考你所设计和制造的东西，为之花费的每一分钟都是值得的。我敢肯定地告诉你，你的付出是值得的。”

◎ 情感震颤之际

在第一个月里，模型表现非常可靠，但是邵立和商仁震却知道，赚钱不是他们的唯一目的，释放体育数据的力量才是。他们打算垂直深耕于体育数据领域，用数据表达他们对体育的爱。

当时二人所在的公司做广告监测，公司老板也鼓励内部创业。但商仁震不甘心，“就是很想尝试一下自己主导的创业”。虽然是拿自己的真金白银去尝试，开始时很紧张，但他知道，一定要尝试一下。

2013 年 12 月，两人脱下在互联网公司光鲜亮丽的外衣，离职单干，低调地蜗居在一个迷你到不能再迷你的办公室里，模型在体育彩票上的收益回报就是生活费。虽然有点踉踉跄跄，但也算是起步了。他们此时更加关注统计分析的精确度和实时性，脚踏实地地一步步前进。当然，也曾幻想有一天能像 NBA 的数据分析师一样，为 CBA 俱乐部做分析。当时看到一则姚明 CBA 的数据不完整的新闻，他们也能高兴好一阵子。

然而好景不长，次年一月，寒风瑟瑟，收益有了很大的回撤。辞职了没收入，唯一的经济来源又有了波动，“模型到底行不行”的想法回荡在这间9平方米的办公室里。想过是不是建模的问题，也想过是不是系统逻辑问题，却不曾想过放弃。他们相互打气，坚持风控纪律，坚持量化交易，最终坚持了下来并收复失地，改进了模型的性能，收获了购彩经验，得到了一笔可观的收益。

卡瓦菲斯说，情感震颤之际，只要倾听，无须如懦夫般哀求怨叹。邵立和商仁震，在低谷中，有过怀疑，却始终互相鼓励。他们想尽各种方法解决问题，却从没有想过放弃，因为他们敢于聆听自己的恐惧，知道困难总会过去。正是因为有了这样的团队和这样的信念，才有了后来的河马体育。

2014年4月，NBA常规赛结束，这笔可观的收益足以让他们休息多年，但他们却没有停下脚步，继续将这台被他们称为“赚钱机器”的系统高度工程化。同年7月，他们从上海赶往北京参加了天使汇100X活动并成功突围。当天有十几个投资人面试，当晚就确定了投资意见书。刚签订完投资协议的两人异常兴奋，那是晚上11点，从天使汇的办公楼到酒店有7000多米的路程，两人一边步行一边畅想，也许是为了不破坏气氛，没人提出要打车，就这么凭感觉走回酒店，不知绕了多少路。一路的畅想让他们更坚信，这种力量可以应用在更多的场景之下。回到了上海，他们迅速搭建起团队，取了彩票合买的谐音：“河马体育”，作为自己第一个产品的名称。

◎ 释放体育数据的力量

受到天使汇投资人的认可，两人异常兴奋，这不仅是因为得到了投资，更是因为得到了这些重量级投资人的认可，是对河马体育这个新颖的项目和独特领域的认可，是对他们团队及之前数据分析经验的认可。

成功突围进入天使汇的河马体育终于找到了组织。虽然河马体育团队在上海，和在北京天使汇里的团队多是网上交流，但这还是让“相依为命”的邵立和商仁震没有了孤独感，并学到了很多东西。另外，天使汇也提供了很多媒体资源，如在中关村放了一块大屏幕，河马体育可以在上面投放宣传海报。这种宣传对提高浏览量很有帮助。在投资方面，天使汇帮助团队找到了投资人，并且天使汇本身也投了一部分钱。

有了孵化器的帮助，二人的创业步伐更快了。2014 年 10 月，河马体育正式上线，提供体育数据分析可视化和体育彩票推荐，同时提升了模型的自由度并公开在互联网上。也许是工程师痕迹太深，产品起初并没有得到很多网民的关注。同时他们也发现，彩民的购彩思路和他们之前想用技术统计数据来预测体育彩票的想法相差甚远。彩民购买彩票并不是为了长期获利，更多的是一种放大快乐和痛苦的手段。

随着时间不断流逝，如何推广“以数据说话的思维方式”成为摆在邵立和商仁震面前的难题。两人本身是工程师，对于互联网的推广并不在行。但自主创业就是突破自己的好机会，在当今这个酒香也怕巷子深的互联网时代，必须走出自己的舒适区，是时候主动出击了！于是，他们做了产品视频，打印产品二维码和吉祥物，并借助微信公众服务平台，将整套服务搬上了移动设备，同时建立了客服团队，在 QQ 和微信上与彩民实时交流，不断普及用数据说话的思维方式。再加上天使汇大屏幕上的宣传，河马体育的流量开始不断增多。

随着流量不断上升，彩票的回报率越来越高，但河马团队并没有放慢脚步，他们坚信这不是顶峰，于 2015 年 1 月推出了实时比赛预测服务，并推送每天的比赛可视化报告，他们坚信在快速迭代和精益创业的理念下，能够将体育数据的力量释放得更完美。

目前，体育数据分析在国内还很少。邵立和商仁震参加过一次

CBA 的统计师培训，发现国内只有 6 家俱乐部有自己专门的统计师。而且很多俱乐部只提供基础数据，对数据的分析还很少，河马体育专注于数据的分析和预测，有很强的优势。在这个领域，大家都在“摸着石头过河”，只有快速灵活应变，才能在不断摸索的过程中前进。

未来，邵立和商仁震想把这套方法论运用到 CBA 比赛之中。国内职业体育俱乐部在如何使用数据上还停留在表面，基础数据的采集和重视程度与国外有较大差距。众所周知，NBA 对数据的重视程度非常之高，如运用 STATS SportsVU 来采集动态数据等。邵立和商仁震希望有机会改进 CBA 以及我国体育项目的基础数据采集、分析方法，使其更专业化。正如互联网广告界就有第三方独立的数据监测方，监测各项广告数据、协调广告主、广告平台，运用数据的力量规范整个生态环境，体育数据可挖掘的潜力同样非常巨大。

从饭后闲聊时的一个想法，到成立一家公司，这背后是“一定要尝试自己主导创业”的决心，是无数个日夜躺在床上写代码的孤军奋战，是不被一时输赢干扰的平静，是理性分析下对体育的热爱，“享受创业过程，随变化进步”。

河马体育，用数据说出你的爱。

点评：用数据说出爱是实在的。在大数据时代，邵立和商仁震打造的河马体育团队敏锐地捕捉到体育数据，用定量分析来解决行业问题，可谓眼光独到，可圈可点。未来体育营销是个亮点。

05 王东升：京东方与他的《光变》速度

有人戏言，“大飞机高铁加上京东方”，那么王东升和他的光变速度究竟是怎样的？

路风的《光变》讲述中国工业精神流变的历史是以京东方为案例去分析的，有人戏言，“大飞机高铁加上京东方”。

◎“大飞机高铁加上京东方”

京东方何以如此典型，是因为京东方涵盖的领域大而全吗？不过路风以“经济史”的这种笔触写得还是蛮妙趣生辉的。“京东方，一个企业及其工业史，习近平总书记眼里中国供给侧改革的成功案例。北大教授路风笔下的中国经济史故事的第二种讲法。”《光变》的封面这样写道。

2014年至今，BOE（京东方）投建面向柔性的成都第6代LTPS/AMOLED生产线、福州第8.5代TFT-LCD生产线和全球最高世代线——合肥第10.5代TFT-LCD生产线。在向全球面板产业领导者迈进的同时，BOE（京东方）实施跨界创新战略，确立了面向未来的产业布局：由单一显示器件业务向显示器件、智慧系统和健康服务等三大板块齐头并进。在不断强化显示器件事业核心能力的基础上，整合成立以物联网系统解决方案为主要方向的智慧系统产品和服务事业，及以信息医学和大数据为技术支点的物联网健康服务事业，跨界创新推进转型升级。

从运营商世界网了解到，2017 年上半年，京东方电视面板总出货量达到 2250 万片，同比增长 47%，市场占有率攀升至全球第 2。

国有企业京东方从新中国成立后建立一直到今天发展历程史，可以看到国有企业如何自立自强，成长为打破国外技术垄断、支撑民族高科技产业发展的栋梁。

这段时间“京东方”频上头条，其中有两条新闻比较重要，一条是说京东方面板出货量超越韩国 LG 成为行业老大，另一条是说京东方或将为苹果供应 OLED 屏。这两条新闻蕴藏的信息量很大。液晶显示行业是高强度投资行业，出货量大意味着可以利用规模优势压低成本，增强竞争力。而为苹果供应屏幕则意味着京东方生产的屏幕品质是顶尖的。注意，这里京东方将可能为苹果供应的是 OLED 屏而不是TFT - LCD 屏，OLED 显示技术曾是三星和 LG 为摆脱京东方的追赶而使出的“撒手锏”技术，其也一直在这个领域处于领先地位，如今这样的优势也将消失。综合起来可以说明，京东方已经成为液晶显示领域的领导者。

不过大部分消费者对京东方并不熟悉，原因有两个，一是就液晶产业而言，京东方所在的位置并非产业链的终端，不直接面向消费者，所以它不如小米、华为和创维等企业名气大；二是虽然京东方从 2009 年就开始成为可以影响产业格局的“一方诸侯”，但一直是追赶者的身份，成为行业领头羊还是这两年的事情。

京东方的崛起是值得中国人骄傲的，这并不仅仅是因为京东方成为业内老大，更重要的是，京东方掌握了核心技术，培养了一大批产业人才。这一点非常关键。为什么这么说？中国彩电工业的历史就可以作一个很好的说明。中国花了20年的时间把彩电工业做成了世界老大，但生产彩电的企业彩虹集团以外，基本上都是合资企业。当液晶显示风暴来临的时候，外资发现CRT（显像管技术）没钱赚了，不在新技术上做任何改变和突破，而是立马撤资，把风险（成千上万的下岗工人）全部留给中国。在这些彩电企业中，唯一寻求改变的只有不合资的彩虹。可能你会问，既然外资不在技术改变上努力，为什么这些合资企业的中方也不努力？答案是，外资不让你努力。因为核心技术在外资那里，他们就有话语权，他们不允许中方独立成立研发机构，开发新产品。

◎“吃亏就是占便宜”

北京大学校长林建华在2017年7月5日毕业典礼上发言，主题是《吃亏就是占便宜》。

京东方科技集团股份有限公司（BOE）创立于1993年4月，是一家物联网技术、产品与服务提供商。核心事业包括显示器件、智慧系统和健康服务。产品广泛应用于手机、平板电脑、笔记本电脑、显示器、电视、车载、数字信息显示、健康医疗、金融应用、可穿戴设备等领域。

2016年，BOE（京东方）新增专利申请量7570件，其中发明专利超过80%，累计可使用专利数量超过5万件，位居全球业内前列。美国商业专利数据显示，BOE（京东方）进入2016年度美国专利授权量TOP 40，年增长率超200%。全球创新活动的领先指标——汤森路透

《2016 全球创新报告》显示，BOE（京东方）已跻身半导体领域全球第 2 大创新公司。

截至 2016 年 4 季度，BOE（京东方）全球市场占有率持续提升：智能手机液晶显示屏、平板电脑显示屏、笔记本电脑显示屏市占率全球第 1，显示器显示屏提升至全球第 2，电视液晶显示屏保持全球第 3。

目前，BOE（京东方）拥有 11 条半导体显示生产线（其中 4 条在建），包括北京第 5 代和第 8.5 代 TFT－LCD 生产线以及在建中的全球最高世代线——合肥第 10.5 代 TFT－LCD 生产线等。BOE（京东方）在内蒙古鄂尔多斯、重庆、河北固安、江苏苏州、福建厦门等地也拥有多个制造基地，营销和服务体系覆盖欧、美、亚等全球主要地区。

中国改革开放后的一段时期，从上到下都有一种思维，就是认为外国的技术就是先进的，就要引进，要学习。这一点没什么问题，但后面还有一点，就是自己的就是落后的，应该抛弃。要命的就是“抛弃”两个字。不可否认，外国在许多技术上都领先于中国，应该引进和学习，但引进和学习不是目的，而是要将外国技术加以消化和吸收，然后进行自主创新。但把自己的技术丢了，相当于把消化吸收的平台都丢了，拿什么消化？这就好像大学学微积分，如果没有高中的知识基础，拿什么学？曾经有一句口号，叫“以市场换技术”，意思是市场有了，技术自动就能掌握了，所以成立合资企业就能学到技术。但事实呢？事实是合资企业中中方只负责组装产品，技术上的事情根本插不上手。

在这一点上，中国是吃了亏的。除了彩电工业，还有一个典型就是中国汽车工业。中国在改革开放之初是能制造汽车的，如红旗和上海。但当时的领导认为，中国汽车油耗大、速度慢、不可靠，于是勒令中国汽车企业停产，以后汽车全部进口。结果如何？中国汽车企业在 20 多年的时间里都无力开发一款车。直到这几年因为中国自主品牌的努力，如吉利、比亚迪和奇瑞等，情况才开始发生改变。

京东方有过合资的经历，知道合资企业的深浅。反复权衡利弊后，京东方决定以并购的方式进入 TFT－LCD 领域，而这个千载难逢的机会，来源于韩国五大寡头集团之一——现代。

现在我们说韩国 TFT－LCD 产业巨头都说韩国“双雄”——LG 和三星，但其实在韩国液晶产业起步早期，现代公司也建立了液晶面板生产线。但现代生产线建成时间比三星和 LG 晚了整整一年，结果再也没有跟上它们的步伐。到了 21 世纪初，现代因为财务危机，又碰上了液晶产业低潮，因此急于出售液晶业务。相比于三星、LG 以及日本企业拥有的 4 代以上产线，现代只有 2 代线和 3.5 代线，这些走在前面的企业看不上现代的低世代产线，所以不会购买。真正想购买的除了京东方以外，还有台湾郭台铭的鸿海集团，而且很有实力，但台湾已经有了 5 家面板企业，因此，对于要不要进入液晶领域，郭台铭在犹豫。最终，京东方看准机会，果断出手拿下了现代液晶业务。

对于京东方这种有志于掌握核心技术的企业来说，并购解决了京东方进入 TFT－LCD 领域面临的技术来源、专利障碍、起步市场和核心技术人员等战略问题，但相比于合资和引进产线两种方式，并购的风险也是最大的。这是因为，TFT－LCD 领域是高强度投资领域，产品的生产和销售规模决定了研发资金的投入强度，研发资金的投入强度决定了技术进步的速度，而技术进步的速度又决定了产品的竞争力。这意味着，京东方必须在资金和市场竞争允许的时间内消化吸收并购得来的技术，并实现扩张，否则就将淘汰出局。

引进生产线和合资不存在技术学习问题，也就不存在研发投入的问题。京东方于是决定立即在北京建设 5 代线。为什么要建设新产线？一是追赶领先者，此时日本已有 4 代线，三星和 LG 则有 5 代线并且正筹划6代线，若只是守着收购来的两条低世代生产线，未来将毫无竞争力；二是建线的过程就是京东方学习的过程，也就是掌握核心技术的过程，因为技术还在韩方技术人员手里，如果中方人员不掌握，那么技术上仍要仰人鼻息。但京东方走的不是合资路线，所以在建线时京东方具有很大的发言权，中国员工也因此有很多的学习机会，而京东方也要求中国员工要进行高强度、系统化的学习。

后来的事实证明，正是北京5代线的建立过程，使京东方拥有了大批骨干人才，为其后期大规模扩张奠定了坚实的基础。有统计数据表明，京东方现有骨干，大部分都有5代线建线经历。

京东方后续扩张的故事过程非常曲折，先是经历了液晶周期性回暖实现短暂盈利后，扩张计划因媒体质疑国有资产流失而“流产”，随后液晶产业又进入低潮，企业陷入长时间亏损，京东方一度要出售资产来获得现金，以减轻财务危机。最困难的时候，用京东方董事长王东升的话说：“意志不坚定一点也就跳楼了。”但无论如何，京东方以5代线为平台的高强度、系统性、攻击性的技术学习得以进行，这是京东方后续扩张成功的根本原因。

对于京东方，如今有一种说法，京东方之所以能够崛起，基本上是靠政府在其背后站台，国有企业嘛。不可否认，政府在京东方进入TFT－LCD领域初期以及后续扩张中都起到了很大的作用，如国家开发银行、产线所在地的各级政府等，但若据此就把功劳全部归于政府，是经不起推敲的。一方面，在京东方进入TFT－LCD领域时，国内普遍的做法是走合资路线，政府也倾向于引进，京东方走自主掌握技术的做法是另类。对于TFT－LCD这样的高技术、高风险领域，不仅京东方人很陌生，整个中国都很陌生，在这样的条件下，敢于做出这样的决策，靠的不是理性计算，而是信念和勇气支撑的结果。另一方面，与上游资源型企业不同的是，TFT－LCD 产业是全球性、高度竞争性的产业，对于处在这个产业的企业来说，要么进入领先者行列，要么淘汰出局，没有中间态。所以对于京东方来说，必须随时面对高度变化的技术和市场，每天都必须为保持和扩大自身优势殚精竭虑。事实上，正是京东方人的努力，才使中国的液晶显示的下游产业（如彩电工业）不再受“卡脖子”之苦，并影响和改变了这一产业的格局。因此，在分析京东方成功的原因时，必须看到京东方人的艰苦奋斗才是其中最重要的因素。

和大多数人想象中不同的是，京东方进入 TFT－LCD 领域时不是财大气粗，而只不过是度过了生存危机但没有主营业务的边缘企业。那么，京东方为什么要进入 TFT－LCD 领域？用内部人员的话来说就是，日子已经过得不错了，为什么又要去冒倒闭的风险？如果说是为了赚钱，那么京东方应该去搞房地产或者其他来钱快的业务，而事实上这是高概率事件：在京东方厂区所在地酒仙桥这个曾经聚集了 10 来家骨干企业的中国电子工业基地，依靠产品和技术成长为行业领先者的只有京东方 1 家。

“我们代表着中国新型科技企业。”王东升说，“中国有合理机会成为世界舞台上的佼佼者。我们的技术可以改变世界。”

“京东方已进入行业第一阵营，结束强投入带增长的发展阶段，进入第二周期，即靠企业内部价值创造驱动增长。”副总裁张宇说。

◎“九九八十一难”

但是，京东方并没有选择去过更容易的生活，而是在 20 世纪 90 年代末决定重新进入高技术工业，并在经过数年的尝试之后进入了 TFT－LCD。从赚钱的角度看，京东方选择了一条比从事任何其他业务都要难得多的道路，所以由此经历了在这个工业中的所有磨难。但也正是因为经历了“九九八十一难”，京东方成为20世纪50年代半导体革命以来，在电子核心元器件工业中能够影响全球市场格局的第一个中国企业。

只有把京东方置于全纵深的历史脉络时，我们才可以看出，它在世纪之交做出进入TFT-LCD工业的决策时，其首要的原因不是出于什么战略。在过去20多年的时间里，在寻找新工业领域的尝试中，京东方的战略经历过多次变化，其中有的甚至是根本性的变化，从中很难看出有什么连续性。但如果追寻这些变化背后的力量，就可以发现京东方的领导者在不同时期具有始终未变的信条。第一，坚持把高技术工业作为主业，而且一定要掌握技术。第二，必须依靠自己的力量从市场竞争中寻求企业的未来。因此，京东方的决策首先是一种对“命运”的选择，而战略不过是选择了“命运”之后如何去做的问题。

新周期，王东升做了新规划，他将京东方的战略定位为“DSH”：D代表显示器件，S代表智慧系统，H代表健康服务。

在新战略里，已然做强的面板只占1/3的比重，他们已经切入智慧医疗领域，并且蓄势待发于万物互联的广阔市场。王东升判断，20年后，公司将有一半以上的收入来自生命科技。

版图扩大的同时，他也对京东方（BOE）的英文缩写做了新的解读：Best On Earth。

这是一个非常长远的目标，即便在面板领域，他们也面临数不清的仗要打。

王东升对于可以预见的战争并不畏惧，他早已习惯。他曾对一家媒体说，自己最恐惧的事情，是在地球的某个角落，一个默默无名的男孩刚刚发现了一项技术，而这项技术即将颠覆整个世界。

“我要做的事情就是盯着眼睛去发现那个男孩，而且要赶在别人之前。”京东方的例子令人深思，也是作为当前创新创业过程中很有典型意义的案例。

（本文采写参考了部分网络资料，请谅解并表示感谢。）

点评：能够被专家定义为中国工业时代发展史的缩影，王东升和京东方是幸运的。而能让习近平主席作为供给侧改革的成功典范的案例，则更是幸运中之幸运。然而幸运的背后，往往是扎实的工作和峰回路转的艰辛，每走一步，都算数。

06 肖恒：感动自己　感动客户

创业，是自我发现、自我挑战、自信重建的过程。

内聘网的创始人和掌舵者肖恒，是个怀有“90后”情怀的“80后”。1999年考入武汉大学就读计算机专业，2003年毕业后进入北京大学读研，专攻软件与微电子。研究生毕业后，独立好强的肖恒借着外企在国内招工的机会到了日本。

在日本摸爬滚打的4年，肖恒不仅学好了日语，做好了本职工作，还敏锐地发现了日本人才派遣的巨大市场，在东京开始了第一次创业。起初比较赚钱，后来受全球经济危机的影响，公司最终在2009年7月失败。这次“创业小败局”，甚至让肖恒对自己产生了怀疑，“因为当时在关键时刻我没能顶上去”。回国后，他进入华为负责海外项目拓展，但不服输的性格让肖恒总想再次挑战，“职来职趣”网站就是他再次挑战自己的一次尝试。自胜者强，在肖恒不断地自我挑战和试错下，内聘网诞生了。

内聘网为提高互联网人才的求职和招聘效率而生，线上创新知识图谱的精准匹配+线下招聘顾问极速推荐的流程产品化，打造最高效的在线招聘服务平台！内聘网推荐的人面试率超过50%。求职者真正做到了极速高效求职，HR工作量也大大减少。已三次成功融资的内聘网平台，上线不到一年企业用户超过12000家，个人用户突破20万人，是互联网垂直招聘领域增速最快的平台。

肖恒说，2012年后的创业过程，他最大的收获，是找回了自信。

◎“一不小心”成了“人贩子”

关于如何想到做招聘，肖恒的回答是“一不小心”。2005年，日本人力派遣行业非常火。在做松下和索尼等项目的过程中，肖恒结识了许多日本中高层管理人员，发现他们的公司有大量招聘需求。同时，通过周末聚会等，肖恒也认识了许多技术出身、想找工作的中国人。有了双方的资源后，很自然地，2007年7月，肖恒创办了第一家公司，对接日企和有求职需求的人，开始了“人贩子”生涯。

肖恒口中的“一不小心”，其实却是“处处留心”。技术≠宅，技术男不等于不善于社交。也许，正是他积极阳光的个性，始终挂在脸上的笑容，主动与人交往的热情和多方共赢的心态，为他赢来了第一次宝贵的、影响深远的创业机会。

肖恒在日本的经历中，有个不得不提的小插曲。去日本前他只参加了一个月的日语集训。在除了自己都是日本人的工作环境中，肖恒只能要求自己迅速掌握日语。当时有日本人给他反复讲了好几次专业知识他也听不懂，“我汗都出来了，还是不懂。但幸好我能看懂代码，一边看代码，一边猜老师的意思，但这浪费了很多时间，走了很多弯路。”所以，每天回家后，他就马上打开电视，看字幕，用电子词典学日语，白天在地铁上戴着耳机听日语。因为地铁上很吵，他把声音放得很大。大约一年后，他发现自己突然耳鸣了，后来经常出现，至今已有 8 年。虽试过各种方法，但仍未能根治。

当然，在工作中他很快能用日语流利交流了。他的勤奋令人感动，更重要的是，让他自己感动。有人说：“如果一生中，没有一些自己感动自己的日子，那么你的人生将会多么苍白！”

记者未曾问他是否后悔，因拼命学习日语而患上耳鸣，值得吗？也许，肖恒 14 年与内聘人共勉的话可以代他回答这个问题：你想过普通的生活，就会遇到普通的挫折。你想过最好的生活，就一定会遇上最强的伤害。这世界很公平，你想要最好，就一定会给你最痛。

◎ 大胜在德，小胜在智

目前，内聘网团队的核心成员，都和肖恒有着极深的渊源，有认识 10 年的朋友，还有师弟。在寻找骨干人员时，肖恒很注重人品。“大胜在德，小胜在智”，这是肖恒做事和为人的准则。“内聘网目前三次成功融资，主要都是因为团队的人品没有问题。”

当然，他现在也意识到，在“人品”有保证的前提下，对性格不要太介意。肖恒非常欣赏的一个合作伙伴不久前离开了团队。这引起他很深的反思。这位年轻的伙伴离开的原因是：他觉得这个团队所有人身上都可以看到创始人的影子，他感觉有些压抑 ，他想跟着内心走，不想承载过多创始人的东西。

肖恒认识到，也许创业前期，更需要整个团队步调一致，能迅速一起往前冲。所以前期招人时，他比较看重这个人能否跟上大家的步调。但长期这样，会磨掉团队成员的个性。创业后期需要有更多的多样性，吸纳更多有独立思想的人。创业后期找合伙人，只要人品和能力过关，性格上一定要放开。

◎ 从单打独斗到找到组织

最初的职来职趣是肖恒和几个兄弟窝在民居里做的，后来项目失败下线。要坚持下去，就迫切需要找到更便宜的办公场地。肖恒在团队的厚望下四处找外援，但都是无果而终。走投无路时，柳暗花明又一村，他们幸运地找到了创客总部孵化器，并顺利成为第一批入孵企业。

入孵后，不仅在场地租金方面得到了优惠，更重要的是，大家感到“氛围”完全不同了。之前团队几个人在一间屋子里单打独斗，很封闭，不仅封闭了身体，也封闭了心灵。现在，有很多机会与人交流。孵化器内部有许多课程和讲座，有不懂的地方可以随时向人请教。漂泊已久的肖恒团队终于找到了组织，找到了归属感。看到不同的团队都在拼，大家就更加动力十足了。内聘网团队还被评为创客总部 2014 年度“最玩命创业团队”！

很多时候，我们感觉自己一个人在黑暗中孤独地前行，也许是因为我们还没有找到那个属于我们的组织。相信，世界上，总有一群人和你一样。不要封闭自己，勇敢地去探索，去寻找，你会发现，有那么多同伴，愿意与你并肩。

◎ 深受日本服务文化影响的企业 DNA

产品差异化从何而来？来自做产品的人。不同的人做产品，会给产品不同的 DNA。不同的团队，对产品的定位和运营都不同。就像咖啡馆的区别，绝不仅仅是咖啡的味道。那么肖恒给内聘网带来的 DNA 有何遗传特点？这要从一个故事讲起。

2008 年的一个傍晚，刚下班的肖恒去日本品川车站坐车回家。车站旁有一家眼镜店，这时，从眼镜店里走出一位中年男子，他略显疲惫，两手空空，看起来是没买任何东西。当男子走出店门口 10 多米时，眼镜店的服务生站在门口，给这位顾客鞠了一个 90 度的躬。是的，正在走远的顾客是完全不会看到的！匆匆过往的行人也不会注意。巧的是，正在等车的肖恒看到了。这无意间的一瞥成了他在日本感受最深的场景之一。也正是这个 90 度的鞠躬，让日本人的服务理念深深地印在了肖恒心中。

内聘网团队其他合伙人也多有在日本留学或工作的经历。如王洪波，在日本待了 3 年。日本人的服务态度，对他们的影响非常大。所以，在创业过程中，他们每一步都会谨小慎微，每一个项目都会在技术和细节上追求完美，让顾客有极致体验，超出预期。最重要的是，让顾客感受到服务的诚心。这一点，往往是其他出身的团队所欠缺的。

“感动自己，感动客户”的极致服务，就是内聘网团队的独特 DNA！

日本人的服务意识，如果不是亲身经历，亲眼目睹，我们甚至觉得难以置信。虽然国内现在也大力提倡服务精神，但在很多行业中，“服务”做得还远远不够，如招聘行业。

2014 年在线招聘很活跃，但多数人都看到了“在线”，而忽略了“招聘”。其实，在线招聘最终的落脚点在招聘，而招聘本质是一种服务，不只是信息。最终决定招聘网站能否胜出的，是能否做好服务。

肖恒钦佩的全方位服务好客户的典范，是日本做招聘起家的 Recorder。Recorder 一年的销售额达 100 亿美元，而 51job 和智联招聘的销售额是 10 多亿人民币。Recorder 是怎么做到的？因为他们的投资有一条线，所有的投资都按照人一生的脉络来走，从小孩出生，到上学，到找工作，到结婚，甚至到最后殡葬，都会有所涉及。

肖恒希望他们的服务也能像 Recorder 这样，不仅仅是一个找工作的平台，不仅仅通过大流量来解决概率问题，而是同时在在线流量和线下服务两方面努力，往下看，往深挖，重在服务。最终，肖恒想做一款这样的产品：如同现在人们的生活离不开微信一样，以后在谈到事业时，人们也离不开内聘网。

尽管在很多人看来这有些理想化，却是追求服务的内聘网的成长目标。

“感动自己，感动客户”，当这不仅仅是一句口号，而是融入企业每一位员工血液中的追求时，这家企业，必将拥有极大的魅力和生命力。

◎ 找不到，就创造一个自己喜欢的工作！

记者好奇地问肖恒：“如果你去招聘网站找工作，会做什么？”

“我找不到。”肖恒毫不犹豫地回答，“我曾经试过，但找不到。我想做的事别人不让我干，别人给我干的事，我不想干。”

从华为出来后，肖恒也尝试过找工作。但因为自己曾经做的多是技术岗，很多公司看完履历后，都会让他做手机，或者是防火墙之类的，总之都是写代码。“我头疼得不得了，我真的不喜欢写代码。”

确实，工作几年后，人们往往会被“定型”，要转行是非常难的。例如，要想从传统行业转入互联网行业，需要的不仅是专业知识和能力的提升，更是思维方式的转变，而后者是在一个领域工作多年后很难改变的。

对此，不同的人会有不同的选择。有人在认识到转行之难后直接打消念头；有人在屡屡碰壁后选择放弃，继续在熟悉但不喜欢的领域里“熬”；有人抱着总有一天会被某公司录取的希望，还在不断学习、找关系；还有一类人，像肖恒这样，既然找不到，就创造一个自己喜欢的工作！出来创业吧！做自己喜欢的事情，虽然很苦，但很快乐！

这也许是创业者和许多打工者的一个重要区别：创业者创造机会，将选择权牢牢握在自己手里，打工者等待机会，只期待着有人选择自己。

◎ 最大的收获，是找回了自信

很多人问他，既然一直想创业，为什么 2009 年回国后，2012 年才开始创业？肖恒的回答很干脆：“因为我怕。”

原来，在日本做“人贩子”时，由于自己对日本文化和商务交流细节了解不深，一直让一个日本人负责和企业谈合作。后来企业受全球经济危机影响艰难维持时，“我一直不敢跳出去，去做这块最困难的业务”。最终公司在 2009 年 7 月失败。这次失败让肖恒对自己产生了很深的怀疑，不知道在最困难的时候，自己敢不敢顶上去，所以纠结了很久。但肖恒终究不甘心，“如果我不做，将来一定会后悔，我必须要尝试一下！”行动会使猛狮般的恐惧减缓为蚂蚁般的平静，行动会让你找回自信。“2012 年以来不断解决困难的过程中，我发现自己还是可以顶上去的！找回了自信，是我最大的收获。”

几乎人人都会有自我怀疑的时候，突然发现自己根本不是想象的那般强大，是件很可怕的事情。自信的重建，不是靠心灵鸡汤，不是靠每天积极的自我暗示，不是靠亲朋好友的鼓励，而是靠我们自己，主动拔出身上的自贬之箭，然后，带着伤口前行，去面对一个又一个的困难和挑战。每走一步，自信就会增加十分。

创业的过程，正是自我发现、自我挑战、自信重建的过程。在这

“痛并快乐着”的修行中，我们感动自己，感动客户，也许正是创业的乐趣所在吧！

点评：创业是一场修行，而在这场修行过程中，认识你自己，成为一个重要的命题。肖恒的内聘网正是这样的痛并快乐着的修行，值得我们思考如何一起去发现你内心深处真正的自己。

07 杨亮：创业一定要做实践派

思维的束缚，是最大的束缚。

不纠结，不拖沓，有梦想就去行动。中融智信 CEO 杨亮是一个不折不扣的实践派。

清华经管学院流传着这样一句话，是第一任院长朱镕基说的："作为经管学院的学生，将来你们每个人出去搞一个企业，中国的经济就有希望了。"

大家都想创业，可是在当今这样一个纠结反复、选择困难综合症盛行的时代，大多数人只是想想而已。但一个学生却把这句话牢牢记在了心里，并付诸实践。"我在上大学时就曾有过创业的想法。在金融行业工作这么多年，其实心里一直希望自己能够真正去做些什么。"杨亮说。

杨亮，中融智信 CEO，曾先后就职于复星和中国平安，工商银行下属投资机构，作为核心成员参与过 Club Med、美的集团、绿能集团、万达商业地产、恒大地产、恒隆集团等融资类项目。2011 年，在女友即现妻子的

“逼迫”和支持下，第一次突破被经济束缚的思维，自费前往伦敦商学院攻读金融硕士。学有所成后回国，杨亮于 2014 年 7 月创办中融智信投资管理有限公司。如今，中融智信旗下的投融资管理平台乐投天下发展迅速，先后在广东和湖北等地设立分公司，交易额度将达到 15 亿～20 亿元。

◎ 当千里马遇上“爱的伯乐”

杨亮 15 岁之前没有离开过湖北农村，读高中时才来到城市，22 岁清华大学毕业，工作 4 年，分别就职于复星和平安直投。当时金融业创业的机会并不多，做投资的过程中，杨亮接触了很多企业，逐渐了解到这些企业是怎么发展的。看了很多人创业后，杨亮觉得创业虽然非常有风险和不确定性，但整体还是非常美好的，自己一直以来想创业的心更坚定了。

杨亮事业的一个转折点，是他出国留学的经历。2011 年，26 岁的杨亮辞职，自费 60 余万元赴伦敦商学院深造。

这是杨亮当时最大的一笔投入。要投入这么大一笔钱，放弃工作去读书，确实是很大的决定。杨亮坦承，在迈出这一步之前是很艰难的，但是在做出决定之后就觉得很轻松了。促使他下定决心的很重要的动力是女朋友（现妻子）的支持。她强烈鼓励甚至要求杨亮去国外读书。杨亮可以说是被她“逼着”上了飞机……最终靠着奖学金和贷款顺利完成了课程。

这次出国留学，是杨亮第一次以突破经济束缚的思维去决定一件事。要做成一件事，必须同时有梦想和勇气。“梦想我一直都有，但是勇气应该是从那个时候开始迈出第一步。”

有一篇文章说，一个人什么时候才能算是有钱了呢？其实答案不是具体的数字，而是当你不再因为钱而不敢做决定的时候，是你潜意识里相信“自己很能赚钱”的时候。

帮助杨亮获得这种转变的，是在事业上对他影响最大的人——他的妻子。“她从来不算计小节，我每个月收入 1 万、5 万在她眼里没有区别。”

成功男人背后的女人，必然有着常人没有的胸襟。

很多人遇到事情后都会非常纠结，杨亮的很多清华同学也为是否要出国读书犹豫不决，很多人想了很久却没有行动。如果你真的决定做一件事，就勇敢地去做。你收获的，将不只是梦想，更是实践梦想的勇气。

出国留学是杨亮事业发展的催化剂。与来自世界 40 多个国家的同学共同学习交流，他的思想进一步开放，思考问题更加全面，很多原来认为“匪夷所思”的想法，后来也能认同了。更加国际化的杨亮，也看到了中国发展的迅速。一拿到伦敦商学院金融学硕士学位，杨亮马上归国，就职于工银国际，作为核心成员参与过 Club Med、美的集团等融资类项目，总投资金额超百亿元。他表现优异，年薪数百万元。

◎ 对成为一个高级中产阶级毫无兴趣

杨亮的职业发展上了一个不小的台阶，但这些，就是他想要的全部吗？

人和人最大的不同是价值观。在工银国际不菲的收入并不能让杨亮满足。“再做下去，顶多就是一个高级中产阶级，这不是我想要的。”杨亮在取舍后明确，自己想要的是影响力，也因此越来越不满足于投资人这一身份。“美的一个项目我参与主导投资了 70 亿元进去，并跟进投后管理两年，可大家记住的只有何享健，谁知道工银国际是谁？”

再次放弃高薪工作，再次不顾众人的反对，再次给自己追求梦想的勇气。这一切，绝非轻而易举。但明确了自己真正想要什么后，杨亮做出了自己的选择：2014 年 7 月，他力排众议辞掉年薪百万的工作，开始了创业。

选择背后有纠结，也有充分的自信和理由：6 年的工作经验使他非常熟悉中国金融市场，积累了丰富的股权和债权投资经验，也在消费行业、能源行业、地产行业积累了广泛的资源。2014 年，互联网金融大热，进入互联网金融领域甚至 P2P 领域的创业者越来越多，热闹非凡，杨亮意识到时机到了，再不行动恐怕要晚了。

◎“以快取胜”的秘诀

中融智信下的乐透天下投资网站起步于 2014 年，这不算早，但短短半年，设在北京的总部已经有 30 多人，并在湖北、广东设立了分公司。记者不禁好奇，怎么发展得这么快？杨亮谦虚地说，自己觉得公司的发展速度还不够快。“互联网时代讲究的就是快，像武术一样，唯快不破，快才是你很强的一个竞争优势。”确实，创业公司都极其重视效率，大家都很努力。你不快别人就快了，会把你吃掉。

为了更快速地发展，中融智信创立之初就加入了清华 X – lab 和启迪孵化器。清华 X – lab 为他们提供了免费的办公场所，启迪也在招聘等方面给予了很多帮助。成长迅速的中融智信团队 3 个月后即“独立生存”了。

杨亮认为，要做到快速发展，不仅要“拼命努力”并获得帮助，更要有清晰的思路。当战略思路非常清晰的时候，才能更快速地行动。花些时间厘清思路是值得的，思路不清晰的话，快速行动就会带来很大的问题，可能做了后还得再掉头，这对团队和公司都是伤害，也会造成巨大的时间浪费。

厘清思路后，杨亮特别强调团队的执行力。他认为执行力一定要成为团队的优势。他希望每个加入团队的人，都是来共同创业的，都把它当成自己的事情来做。他倾向于找有专业精神的人，因为有专业精神的人执行力更强，这样团队的战斗力就更强。公司管理非常人性化，但平时晚上很多人都会加班，大家是自发的。

公司最初的合伙人，也都是执行力很强的人。杨亮和他们沟通想法后，大家觉得靠谱，很多人就马上辞去让人羡慕的工作，全身心投入到中融智信创业中来。

中融智信创始团队成员均毕业于清华大学、海外商学院等，拥有5~10年金融、互联网企业的工作经验，都有雄厚的职业背景。互联网金融平台所需要的各方面高手齐聚乐投天下，大家目标明确，行动迅速，注重创新，以快取胜。

值得一提的是，中融智信创业团队里有“美女”身处要职。其中就包括杨亮的妻子丰婧，就是那个鼓励他去伦敦商学院读 MBA 的智慧女人。杨亮坦言，在事业上丰婧给了他很大的支持，在很多问题的看法上有她独到的见解，而且女人毕竟比男人细腻，做金融是非常严肃认真的事情，女人的作用不可忽视。

◎ **创业一定要做实践派**

外人看到的是乐投天下快速取得的成绩，在成绩背后，是全体乐投人无数次的试错。杨亮说，实际创业和想象的创业有很大的不同。想创业的时候有些事情会想象得比较美好，有些东西想时觉得完全可以做，做了肯定会被客户认可，但实际上并不是这样，你的想法不一定抓到了客户真实的需求。例如，平台上线之前，他们乐观地认为，10% ~15% 的安全理财收益会受到很多投资人的认可，但后来发现实际上客户并不买账。也许有的客户会因为预期回报太高了，反而产生怀疑。

有时他们觉得某个渠道能够做出成绩出来，但实际上不是。很多事情，做的过程不会像想的那么容易。如果执行力弱一点，想象力丰富一点，就会发现，很多点子，说起来好像很严密、很好，但是做出来都不行。所以创业一定要做实践派，一定要与实际结合，一定要始终站在客户的角度想问题。

乐投天下汲取经验，从客户的角度创新金融产品、创新业务。很多客户认为收益率太高，意味着是陷阱的可能性越大，风险越大，他们更需要的是本金的安全。于是乐投天下在风控上做创新，制定出严谨的多重保障风控机制。在保证安全的前提下，乐投创新推出 1 元、100 元起投，年化收益高达 10% ~15% 的“人人乐”“天天乐”“月月乐”等产品，创造了注册用户数一夜翻倍的爆发式增长奇迹。

关于未来，乐投天下将继续加大在风控、资产开发等领域的投入。同时继续秉承安全可信赖、快乐、创新的公司发展理念，为客户创造更多的价值。乐投天下努力在 3 ~5 年内，保持在行业前 5 名，并成为行业龙头企业。

乐投天下是在互联网金融 P2P 基础上的创新模式 P2B，主要服务于中国小微企业。大部分中小企业缺乏融资渠道，其中 30% ~40% 因为没有足够的抵押物难以通过传统渠道获得融资，但是这些企业本身的运营都不错，并且它们和产业下游的大企业都有长期稳定的合作关系，所以通过供应链的方式为它们融资可以很好地帮助盘活中小企业的资金，提升它们的运营效率，具有很大的社会价值。通过创新，创造更大的社会价值和影响力，正是杨亮创业的初衷。

当年院长的一句话，鼓舞了多少清华学子。秉承“行胜于言”信念的他们，和杨亮与他带领的中融智信一样，在不同领域创造着社会价值，创造着中国经济的希望。

点评：天下武功，唯快不破。杨亮与他的乐投天下的团队一边肩负着清华校训“自强不息、厚德载物”；一边实践着行胜于语，敢于实践。这大概是大部分理工科思维的清华人的写照吧！

08 张仕郎：老张回来报仇了

他的创业经历，体现了去中心化时代的无限可能。

“找个老板给自己打工。”

“我没钱，但我创业了。”

“不要相信 loser 的话。”

“有困难的地方才是需要创业者的地方。”

……

这些让人耳目一新的“狂言”，皆出自一位准“90 后”之口——1989 年出生的张仕郎，没有家庭背景，没有名校背景，没有钱，没有团队……

但是，他创业了！

故事要追溯到 2010 年。

大三学生张仕郎某日忽觉双眼异常不适，到医院检查，医生也觉得问题严重，甚至到了需要家属签字做进一步检查的地步。

但检查结果却是喜忧参半：眼睛没有问题，是眼镜瞳距不准。这时候他才明白，不久前他在学校眼镜店配了一副超薄镜片的眼镜，而眼镜店老板私自修改了瞳距，然后将超薄镜片换成普通镜片，这样镜片看起来还是很薄。后来张仕郎去眼镜店拍桌子，但无果而终。

于是，张仕郎在心中刻下这样一句话：我会回来报仇的！

受骗后的张仕郎，成了一个立志“颠覆”传统眼镜行业的创业者。

他自学 VB 软件，研发出多项眼镜专利技术，放弃国企工作，到眼镜店打工积累经验，在地铁上唱歌找到了第一位合伙人，用手机录制创业脱口秀视频，在微博上宣传自己和创业理念。

在眼镜行业积累 4 年后，2014 年，张仕郎用 1 元钱注册成立了云视野（北京）科技有限公司。这是一家专注于互联网配镜的网上眼镜商城。使用云验光专利技术，让消费者足不出户，在家享受验光配镜服务，打破了传统眼镜行业的暴利。

在天使汇路演的时候，云视野获得了 7 位天使投资人的认可。其中包括吴世春（梅花创投）和李一男（原百度 CTO、金沙江创投）等。张仕郎说：“目前，云视野已经覆盖多所高校，中期目标是拿下学生配镜市场的四到五成，后期会做白领市场，更大的目标是成为一家成功的 O2O 上市企业。”

◎ All - in：全力以赴，投资自己

决心颠覆传统眼镜行业的张仕郎，在做好技术准备后，认为在自己创业前最好到眼镜企业工作一年，“找个老板给自己打工”。大四毕业前夕，张仕郎就有心到学校附近的眼镜批发市场当业务员，了解眼镜行业。但是找工作时，囿于专业限制，屡屡碰壁，只好退而求其次，选择了去眼镜企业集中的上海做其他工作。从毕业到正式入职之前 1 个多月

的时间，他来到了东莞，在一家眼镜制造企业更深入地学习眼镜制作流程和行业现状。

要知道，张仕郎在上海可是一名国企员工，但国企给他的安全感并没有消磨张仕郎坚持创业的决心。2012 年，在上海的半年多，他拿着自己的专利继续到各大眼镜企业应聘，依然没有结果。不过这个互联网时代真的是一个最好的时代，在微博上很活跃的张仕郎被龚文祥推荐给了北京的酷镜网：一家当时尚未注册的眼镜电商。这被张仕郎视为一个为自己创业做准备的绝佳机会。他放弃了上海的种种政策和生活福利，按张仕郎的说法，那叫“体制内的束缚”。2013 年 4 月，张仕郎来到了北京。

酷镜网当时规模很小，没有完备的组织制度，没有劳动合同，张仕郎在自己微博的个人资料页填写的酷镜网职位是“扫厕所”。就是在这样的环境下，对现在的云视野影响最深的创业课开始了。在酷镜网的这段时间，张仕郎用心总结眼镜电商的各种经验教训，如今天云视野的零库存模式就得自当时，他有机会进入眼镜电商的圈子，积累人脉。张仕郎要做眼镜行业，要做云验光，但自己并不会验光，于是在这段时间自费学习验光，白天工作，晚上上课，有时上完课还要赶回公司工作，他就这样拿到了中级验光师资格证。

正如大三时花了一学期的生活费来申请专利，这次学习验光他也是花光了所有积蓄。张仕郎特别强调一个词“all - in”，即对认定的事情，投入全部的精力和财力，把全部的筹码都砸进去。你，敢吗?

“我们投入全部的青春、热情，去赌一把，赌的是：改变‘视界’。”

◎ 不要相信 loser 的话

很多人也想像张仕郎这样痛快地赌一把，但他们害怕。因为周围总是有很多声音说：创业太冒险，大学刚毕业就创业根本不靠谱！对此，张仕郎的回答是：不要相信 loser 的话！创业本身就不是一件靠谱的事情，对任何人来讲都是如此。雷军当年也隐藏了一年，也不确定自己的项目会成功。那些总说大学生创业不靠谱的人，往往都是自己年轻时创业失败的人，往往都是 loser 而已。听 loser 的话，自己也只能成为loser，听父母的话，自己也很难超越父母。为了保护自己刚刚成型的宝贵的独立思想，他甚至故意一年半没回家。

除了要尽力避免他人的干扰，要想迈出创业第一步，更重要的是，破除自己内心的恶魔。张仕郎很不理解那些为了户口等原因而犹豫不决、不敢挑战自己的人：你出来会死吗？你怕的是内心的恶魔，其实“鬼”在哪里呢？你的面子能卖几块钱啊？实在不行，你可不可以去擦皮鞋？去扫厕所又怎样！

他说，“我彻底将自己杀死过很多次”，杀死各种虚荣的自己，杀死没有安全感的自己。只有破除了自己内心的恶魔，才会发现，世界真大。

张仕郎特别强调，现在是去中心化的时代。以前的创业者，靠的多是资源和关系，这需要长时间的积累。但现在的互联网时代，你要有能力让目标客户喜欢你、爱你，他们才会花钱，这依靠的是人格魅力，而不是关系。现在，创业者需要从产品经理角度去做事，去打动客户。

中心化时代看起来很美好，但其实很残酷。因为你的晋升与否取决于上级。现在，大家同一时间盯着电视看《神雕侠侣》的时代已经一去不复返了。你可以选择在任何时间，以各种方式看任何你想看的内容。在绝非“谁有资源谁是老大”的去中心化时代，只要你有特色、有能力，就可以聚集一帮人，做一件事情。在这个时代，才可能有更多的人成功，无关关系，无关年龄。

◎ 白手起家

张仕郎的创业经历，典型地体现了去中心化时代带来的无限机遇和可能。2014 年初，张仕郎再也不想在酷镜网“扫厕所”了，他觉得自己已经准备好干自己的事业了。2014 年 3 月，已经从酷镜网离职的张仕郎在家门口的赤水河边录制了原创视频脱口秀节目《白手起家》第一集：“我没钱，但是我创业了”。手机拍摄，简单的后期，片长约 5 分钟，简单却充满激情。《白手起家》一共制作了 30 集，内容涉及自己的创业心路、招募团队、行业干货，等等。作为罗辑思维会员，张仕郎并不否认这部分是在模仿罗振宇，但模仿的并不是形式，而是罗辑思维社群的“自由人的自由联合”的理念，以及对互联网思维的领悟。

张仕郎总说自己赶上了好时候，如2014 年3 月，公司法改革，0 元可以注册公司。没钱的张仕郎在4 月用1 元钱注册了云视野（北京）科技有限公司。6 月，抱着“抓住一切机会”的心态，张仕郎参加了 100X 活动。经过重重面试和筛选，云视野突破重围，顺利在天使汇挂牌注册。在最后申请投资之前，天使汇提供了有针对性的辅导。7 月，云视野就顺利拿到了天使投资。当时张仕郎只想融 60 万元人民币，没想到，15 分钟的路演，最后有 7 位投资人被他吸引，以股权众筹的形式给了云视野共 180 万元人民币。这 7 位投资人就包括梅花天使合伙人吴世春，原百度 CTO、现金沙江创投合伙人李一男等。

张仕郎很庆幸能加入天使汇这么好的平台，“没有天使汇、100X 这种红娘，创业者是不了解不同投资人的风格的，有人喜欢纯互联网的，有人喜欢带些 O2O。如果你选错了投资人，就只是白白透露了信息”。天使汇引荐的一流投资人带来的不仅是资金，还有信用的背书和关键时刻对公司的点拨，后者也是非常重要的。

其实，事实并没有看上去这么势如破竹、一帆风顺。这段时期是张仕郎在北京最困难的时期，没有钱，在双井租600元一个月的床位，出门要犹豫坐公交还是坐地铁，在地铁唱自己改编的歌宣传创业想法，靠自己的力量在微博和微信上宣传产品。这段时间他见过很多投资人，甚至包括徐小平、雷军这样的大佬，但最后得到的大多只是一句“保持联系”。虽然困难重重，但创业总是有惊喜。张仕郎是在地铁上唱歌时认识了他的第一个合伙人。那时没有固定的办公场所，两人住的地方又离得比较远，只能两地奔波或者远程协作。

那时的张仕郎还专注于移动验光，也就是验光师背着相对便携的验光设备和镜架镜片给用户上门验光。虽然这个模式比传统验光轻了许多，但还是不方便。目前，云视野已完全可以做到真正的“云验光”，即验光师通过视频等远程遥控验光过程。这种模式不仅方便，还极大地降低了成本。“验光师在北京，可以给全世界的人验光！其实，我们已悄无声息地创造了历史。”

◎ 起飞

2014 年 9 月，《白手起家》最后一期视频上线。张仕郎非常注重自媒体的宣传。“我们需要的是一种自媒体的品牌影响力，这种影响力是持续的。罗永浩做手机，一个人推广，就可以有这种效果。他当年砸西门子，买冰箱，这都是成本——但你以后再做什么都可以利用这个影响力。”

张仕郎又制作了几首歌曲，用作传播的素材：“歌曲的传播范围很广，和初期的市场定位又非常接近。你用百度去推广，成本会非常高，和传统店面就差不多了。现在花上 10 万元用来策划歌曲，基本能让全国高校的学生都认识我们，用硬广就没有这个效果。”

除了自媒体推广，利用 APP 内置的社交功能做推广也是云视野的计划。消费者购买眼镜后，可以通过云视野 APP 晒出来，这就同时宣传了云视野的时尚和品质："买了一个眼镜之后我们就可以做活动，比如有条件的赠品，比如可以让男生出钱帮女生买。这些都能和线下活动结合，尤其是校园活动。这就能满足消费者的社交需求。"

准"90 后"做的产品，就应该更好玩。在去中心化时代，就应该做出具有自己特色的模式。

现在，云视野已经搬进了固定的办公地点，张仕郎又通过罗辑思维社群遇到了新的合伙人，销售团队也渐渐成型。张仕郎已经把市场精确地定位到大学生，为大学生提供上门验光服务，个性化地满足用户的需求。更重要的是，因为运营成本很低，所以学生能够以最接近成本价的价格买到眼镜。但移动验光是个新事物，更何况云验光。所以，既是为了让学生体验新的验光方式，更是为了宣扬颠覆眼镜暴利的姿态，张仕郎在北大、清华为学生免费验光配镜，之后又在其他若干所学校推出做兼职换眼镜服务，不仅把眼镜免费了，也是在利用互联网制造更广泛的链接，为寻找创业伙伴打基础。

张仕郎说自己最珍惜团队，钱是投资人的，只有团队是自己的。有一个小细节，他自己用的一直是不到千元的手机，而现在新人入职时，公司送的礼物都是 iPhone Plus。除了待遇，他对自己选择的人更是绝对信任，很少过问细节，只把握大方向。他说自己这是在践行"去中心化"，这是互联网时代不可阻挡的趋势，这也让云视野团队的每个成员都成了真正的创业者。

2014 年平安夜，云视野团队决定到积累了大量天使用户的中国地质大学给同学们送苹果，以答谢他们对这个年轻团队的支持，也借此宣传自己。一位中国地质大学的男生，也是云视野的用户，同意把寝室借用给云视野当作活动场地。他们送出的苹果叫作"非暴利苹果"，因为云视野卖的就是非暴利的眼镜。

那天有很多人被苹果吸引过来，但让云视野最为兴奋的是，有其他学校的同学因为对云视野和张仕郎的创业经历感兴趣专门赶来，有并不戴眼镜的同学因为长期关注云视野的服务号而来。对于一个尚不成熟的创业团队，这些小事足以让人感动。

张仕郎说自己是站在别人的肩膀上，硬件用的是平板电脑加外接键盘，通信软件用 YY 或者 QQ。但是为学生订制上门服务、远程验光绝对是张仕郎和云视野独家提供的体验。现在，云视野正在把市场逐步覆盖到北京所有高校，并招聘一批学生兼职配合验光，让学生也参与到创业当中。如果拿到 A 轮融资，那么把产品推向全国也就不远了。

◎ 有困难的地方才是需要创业者的地方

云视野的创业还算一帆风顺，赶上了好时机，一个月拿到了天使投资，遇到了罗辑思维社群的合伙人，但其实天时地利往往需要先有人和。张仕郎为了云视野准备了 4 年，一天天地积累，初心不移。他特别欣赏阿甘。“一个呆呆傻傻的人，但他可以坚持去做一件事情。其实，很多事情，并不是需要聪明人去做，而是需要有人坚持去做。”聪明人有很多想法，但经常被周围的蝴蝶、蜻蜓、小花吸引，忘了自己最初的目的地。他觉得自己很像阿甘，不问为什么，不管下雨还是刮风，只会一直往前跑。

面对这样执着的“阿甘”，我不禁好奇：“在怎样的情况下你会放弃?”

“除非是这个行业彻底没有前途的时候，如所有人吃一粒药丸近视就全治好了的时候。”

“特别大的困难会让你放弃吗?”

“有困难存在才是我们的价值所在。有困难的地方是权利和关系达不到的地方，才是需要创业者的地方。我们克服了所有的困难。他们做不了的事，我们做了。”

点评：“老张回来报仇了。”这是极富挑战性的开篇，一下子吊起了大家一睹为快的胃口。而老张的失败，逐步换来了阶段性的成功。有困难才是创业者的价值，这也是从需求导向引发创业者去关注真正的痛点并解决痛点，从失败走向成功。

09 代万辉：健康管理传教士

创业不是做技术，而是要解决现实生活中的问题。

现在软件工程师很多，硬件工程师不少，懂医学的人也不难找，但三者都通的呢？应该很罕见吧？

37 健康的创始人代万辉，就是这样一位少见的“全才”。代万辉，“80 后”，北航研究生，本科学自动化，硕士学的是软件，同时，对医学也有比较深的了解。“全才”很谦虚，觉得自己只是因为机缘巧合，学了需要学的东西，做了该做的事情而已。背后的努力和对亲人的爱，都融在了他对 37 健康的执着里。

创办 37 健康，是为了解决目前迫切需要解决的慢性病管理问题。只要能解决问题，代万辉愿意做任何事情。“如果健康管理是一种信仰，37 健康就是传教士。”代万辉说。

37 健康成立于 2013 年 4 月，是一个慢性病管理健康服务平台，以高血压为切入点，致力于提供全方位的慢性病管理服务。目前有基于移动终端的血压计硬件和配套的“血压管家”软件，通过软硬件结合的方式采集用户血压数据，为患者提供体贴、便携、可视化的健康监测和管理。此外，还有针对用户群和用户习惯精准推荐线下健身、医药等服务。

2014 年 3 月，37 健康成功融资 1000 万元，继之前创业孵化器厚德创新谷 20 万元种子期投资后，37 健康又一次实现突破。37 血压管家用户已达 200 多万，近期会突破千万。

◎ 为爱跨界

代万辉还在读本科时，外婆不幸得了偏瘫，每天只能躺在床上，连翻身都非常困难。看着以前那么疼爱自己的外婆这么痛苦，他非常心疼。“我得为外婆做点什么！”于是，学自动化专业的他开始研究医学，研究辅助康复方法，希望能减轻外婆的痛苦。经过反复探索，代万辉最终研制出了一款康复床，能让病人躺得更舒服，翻身更容易，也让家人照顾起来更方便。

代万辉发现，像外婆这样的病人非常多，他们长期卧床，不能翻身，时间久了皮肤会溃烂，长褥疮。一个病人瘫在床上，全家揪心。对外婆和类似患者的爱使代万辉的研究更加深入，考虑更加全面，设计更加精准，后来有机会参加比赛，“外婆康复床”的设计一举获得全国一等奖！

爱是研发的初衷，获奖是肯定，更是鼓励，这也影响了代万辉的未来职业规划，为他后来的事业指明了方向。

本科学自动化专业，因外婆的病研究医学，“康复床”获奖后发现自己电脑水平不够，代万辉就去读了软件研究生，这样他成了少有横跨软件、硬件、医学三界的人才。读研和工作期间他参与的项目也与慢性病管理和康复有关，加上一直以来对健康事业的热情，代万辉创办 37

健康，也是水到渠成。

◎ 为解决问题而创业

国内现有 3.3 亿名高血压患者，高血压是慢性病，需要长期观察。因为缺乏有效的工具，很多老人每天测量的数据不知如何管理，他们甚至不懂这些数据代表什么。如果是空巢老人，要做到随时监测自己的血压就更难了。

大量市场调研结果表明：研发一种帮助患者管理测量数据的工具势在必行，它的需求量太大了！

代万辉就是命运之神选定的来完成这个使命的人。在北航期间有关医疗服务机器人的研究，他关注的正是家庭健康数据管理，如血压管家软件和硬件如何处理血压、血糖等数据。

在创新工场工作时，他又有很多机会接触到手机端。代万辉想，手机不就可以作为一种管理手段吗？手机与用户绑定，利用手机端管理血压血糖等健康数据，测量后自动将数据上传到云端，然后由医生监控，并随时在线为患者服务。同时，子女可以随时随地通过云端数据了解父母的身体状况。人们需要的正是这样专业贴心的服务！

“血压管家”应运而生，这是一款为满足众多患者切实需要而设计的，实用、专业、贴心的健康管理工具。

创业是要解决问题的。代万辉看到了一个迫切需要解决的问题，而他，正是解决这个问题最合适的人选。没有过多的考虑和犹豫，代万辉拿出当年给外婆研究“康复床”的热情，义无反顾地加入到移动医疗行业中来。“当时不知道这个行业的诸多困难和限制，也许，正因为‘无知者无畏’，我才敢接受来自各方面的挑战。”虽然“永远不知道前面的坑在哪儿”，但他始终不忘自己要解决难题的初衷，困难一个一个克服，一步一步坚实地走下去。

记者问他在什么样的情况下会放弃这个项目？

他回答："这件事情没有需求了，并没有满足大家的需求时，我会放弃这件事情，转去研究其他事情。"

这也是创业者的共同特征之一吧。困难从来不是让他们放弃的理由，只会更加激发他们的斗志。最终让他们转向的，永远是社会需求的变化，他们永远在思考如何解决问题，满足需求。即使这件事不行，他们一定也会在其他地方，再次光芒四射。

◎ 借钱借出来的合作伙伴

大学时，俞敏洪为舍友打了4年热水，他们成了俞敏洪最坚定的创业伙伴。代万辉最开始的4个合伙人也是大学舍友，只不过他没有打热水，而是借钱给他们。因为自己做兼职和项目比较多，同学手头紧张时，他就毫不犹豫地把钱借给他们。这份"慷慨"的哥们儿义气和与同学一起做项目的经历，使得代万辉赢得了同学对自己的信任。

正是基于这份信任，他们才愿意跟着代万辉一起尝试这个史无前例的项目，一起面对不确定的未来。4人最初都偏技术，但公司发展需要管理、销售等各方面的人才，所以大家得根据自己的特点转型。在这个过程中，他们也迷茫过、争吵过，但是，朋友们对代万辉绝对的信任使大家始终团结在一起，慢慢磨合，每个人都在不断改变和提高自己。

古有"桃园三结义"，今有俞敏洪打水，不久的将来，代万辉借钱会不会也成为人们传颂的美谈呢？

◎ 最难的是放弃

记者问代万辉创业的优势是什么，本来猜想的答案是他横跨三界的技术，谁知他却说这倒成了他最大的问题。为什么呢？

因为创业不是做技术，而是要解决一个现实生活中的问题，不是有个平台给你，你把代码写得更好就行，而是要把现有的问题解决掉。解决问题需要的不仅是技术，而是各种能力的组合。

公司发展不能在运营方面偏弱，整个团队不能有明显的短板。为此，代万辉强迫自己放弃强项，学习短板。在他看来，整个团队最大的短板就是做技术做得太久了，强迫自己不按照技术思维去思考是很难的。他只能强迫自己不去碰技术，估计刚开始会有想剁手的冲动吧。

“当你意识到技术并不是创业成功的唯一一环，只有所有环节都跟得上才行时，你就会强迫自己转变思路，跳出怪圈。”

最难的是放弃，放弃你所擅长的东西。

能否为做一件事，放弃一些东西，甚至是你一直以来引以为傲的东西，这是对你最大的考验。

代万辉做到了，本来性格比较内敛的他，变得外向了很多。现在，管理、销售、运营、法务、医疗器械、医院供销体系、医疗政策、医疗服务体系……他都了解。

做什么取决于解决问题需要什么，而不是自己喜欢或擅长什么。

创业需要全才，他就变成了全才。

没有了短板，公司才能更快、更好地发展。

◎ 在打仗中学习打仗

从技术人员转变为公司的管理和决策人员，需要学习的东西太多。代万辉是如何变成“全才”的？多看书吗？他说：“转型靠看书是来不及的。因为创业是高速的，创业前先去学个 MBA 回来，理论体系可能更健全，但是太慢，不现实。要想快速转型，只能边学边做，边做边学。正如毛泽东所说：在战争中学习战争，打仗中学习打仗。只有不断地做，不断地学，多思考，多向别人请教，把自己当作白痴，才能快速成长。”

幸运的是，作为第一批入驻企业，也是厚德创新谷重点扶持的健康医疗创新产业，37 健康在税务、工商、团队搭建等方面都得到了厚德的很多帮助。在孵化器里有很多创业公司，有不懂的地方可以随时问。厚德还会帮助推荐导师，提供系列培训课程等，帮助企业快速成长。

◎ 什么条件都不具备就可以去创业

代万辉说自己是幸运的，赶上了好时代、好政策、好环境。那也生活在好时代的我们，具备了怎样的条件才可以创业呢？

他的答案出人意料：什么条件都不具备的时候就可以去创业，只要你有想法。不可能所有条件都具备后再去创业。如同毛泽东所说，没有条件，创造条件也要上。创业亦是如此，当资金、团队、管理能力等都准备好，也许是 10 年以后了，早已错过了时机。而且，人的心态也会变。一个观点或想法如果没有及时实现，你会忘记这个事情，再也找不回当初的激情。所以，重点取决于你个人，而不是条件。

顾虑越多，事情就越不可能成功。只有当真的没有退路的时候，才会成功。如果总是有很多备选方案，你一定会选择后退。不要给自己留后路。正所谓“有志者，事竟成，破釜沉舟，百二秦关终属楚；苦心人，天不负，卧薪尝胆，三千越甲可吞吴”。

◎ 爱她，就爱她的全部

什么条件都不具备就可以去创业，但是心态一定要做好准备。

有着丰满理想的代万辉正在骨感的现实中拼搏。加班是常态，还要面对移动医疗行业独特的困难——监管限制问题。因为“血压管家”是全新的产品，涉及医疗、电子等多个领域。记录医疗数据必须十分精确，血压如果高了 10 毫米汞柱，使用者可能就需要吃降压药了。涉及是否需要吃药等严肃问题，所以该行业监管周期比较长。但代万辉他们并不着急，他认为大家对此认真严肃一点更好。“我们可以走得慢一点儿，这样更稳。”

虽然血压管家项目广受投资人认可，创业初期融资比较顺利，但没想到的是，“融资快但花钱更快”，用钱的地方太多，需要补的窟窿太多。另外，公司的快速发展对团队提出了很高的要求，要找到符合创业公司要求的“多面手”并不容易，还有运营、与其他公司合作等问题，这都是代万辉要操心的。

多少人希望通过创业获得自由、实现梦想，多少人渴望创业带来的激情，但激情和辛苦是一枚硬币的两面，在享受创业的自由和激情的同时，也必须能接受创业辛苦和不确定的一面。希望只享受生活中高兴的一面，避开不好的一面，是不可能的。

既然选择了创业，既然爱她，就爱她的全部吧！

◎ 掌中的贴心健康管家

如今的37健康，血压管家已全面上市，在公司网站和淘宝上都能买到，用户也在快速增加。测量后的数据自动传输到云端，有5000多位医生随时在线免费为用户服务，医生监控数据，如有发病趋势会及时通知用户。团队正在进一步完善设备，今后可以通过GPS、Wi-Fi、蓝牙等传输，让老人用起来更方便，并会集合更多功能，更便携、更智能化，给用户更好的使用体验。

今后，37健康产品可以测量和管理的数据会更多，包括血脂等，并会配有更完备的持续服务，提供后续医疗资源、第三方服务等，成为一个优秀的慢性病综合管理服务平台。

在基本的衣食住行早已不是问题的今天，健康成为人们关注的焦点。但保健知识的缺乏和健康监管意识的淡薄，使得很多“富贵病”一直困扰着我们的生活。37健康——健康管理的传教士，一直在不遗余力地提醒我们：及早开始全面的健康管理，帮助自己和家人更好地防治慢性病，从根本上提高生活质量。37人的努力，是我们的福气。

为爱跨界，为健康坚守，代万辉，一个让人感觉如体温般舒适的男人，带领着37健康这个热情而不激越，理性而不冷漠的团队，以传教士的执着，向我们传递着对健康管理的信仰，对生命质量的信仰。

点评：从蜗居创业到融资千万，代万辉及他的37健康团队以医疗为主体，以互联网为手段，为爱跨界、不忘初心地坚持做医疗健康服务，而不是互联网产品。这一份执着，是他成功的羽翼。

10 段然：悟波智联　助力远程医疗革命

一群由国家千人计划获得者牵头和海归高智们共同悄悄展开的远程医疗革命。

卫计委《远程医疗信息系统建设技术指南》指示发布之初，悟波智联早已致力于提供专业的医院视频系统解决方案，积极响应国家医改，目前公司主要产品为手术摄录设备、医院视频信息系统和悟波医学在线教育。以第一视角可穿戴的开放手术摄录设备为突破口，实现各科室、各医院间的远程手术指导、示教、多科会诊及移动查房示教等。同时医学在线教育平台收集优质手术、查房视频，兼具重大会议直播、名医采访，吸引医学工作者进行在线观看、学习和交流讨论。选择创业，悟波智联是如何顺应时代的号召？

◎ 从加州理工学院到中国北京

段然博士，美国加州理工学院硕博连读，他介绍道，“加州理工学院，就是钱学森的母校”。从他的言语中，我们能读出他的自豪。当我们在咖啡厅见面的时候，很难把一个年轻的小伙子与科学家、天文学家等词联系在一起，但就是他的这个项目，刚刚获得了国内创新创业的一等奖。而他带领的团队，从一个人到现在几个合伙人，外加一帮人马，目前发展处于国内行业的空白点，而且他是把自己的学术科研成果与现实的应用结合得比较紧密的一位科学家。而他的科研领域就是望远镜高速信号处理，目前他把这些成果转化为应用在医疗领域，主要包括远程医疗、手术示教、查房示教、急救处理等。

◎ 创业福地

2014 年，美国加州理工学院博士毕业生段然，回到阔别已久的祖国。他想寻找一个可以大展宏图的地方，于是他辗转于祖国首都北京的各大孵化器，最后他落脚于中关村科技园区海淀园创业服务中心，因为这里让他深受感染。于是他和他的团队在海淀创业园创立了北京悟波智联科技有限公司。

隆冬时节，晚上 7 点，外面寒风凛冽，室内却热火朝天。在海淀创业园一楼的金种子创业谷，一个工位就是一个创业公司。年轻的创业者们说笑着、讨论着、忙碌着。“那种积极向上的活跃状态和浓郁的创业氛围，立刻吸引了我。”段然当即决定在这里创业。

后来的经历越发证明了段然选择的明智。“园区把北京理工大学的应聘者引进来，与企业面对面沟通。”段然公司的前两个员工就是在招聘会上找到的。“这种免费的集中招聘效果特别好，节省了初创企业的成本。招人不用再东奔西跑了，只需告诉园区我们的需求，其他的园区都帮我们安排好了。”想创业者之所想，急创业者之所急，正是海淀创业园为广大创业者保驾护航的使命。

此外，园区还帮助创业者进行各种政策对接。段然曾申请获得了多项政府设立的创业基金，但在他看来，获得北京人社局主办的“北京市优秀创业项目”大赛一等奖意义非凡。同时，段然在2016年入选北京市海外高层次人才聚集工程（海聚工程），北京市政府授予段然“北京市特聘专家”称号。这些基金和奖项称号的获得对公司的发展无疑是雪中送炭，也是极大的肯定与认可。

园区通知段然参加北京人社局主办的“北京市优秀创业项目”比赛，他过五关斩六将，最终获得一等奖。“这个奖项的意义远大于奖金。”段然说，这是对企业的权威认可，也会随后带来市场对他们的认可。

◎ 千人专家领衔科研团队

人才是第一生产力，李药先生毕业于北京大学技术物理学系和核物理专业学士，美国康奈尔大学天文系和天体物理专业硕士和博士连读，现为国家中组部的“千人计划”专家。有了顶级专家的加盟，让悟波智联的公司团队建设更加完整。

悟波智联的销售总监张国伟先生，就职于多家世界500强的医疗器械公司，为多家外资企业在华的销售主管，优秀的职业经理人。其从事领域包括电子设备、医疗器械，非常熟悉中国市场，每年创造直接销售额过3亿元。

首席运营官梅园先生，拥有丰富的旅游行业运营经验，2005年成立CosmoTOOLS开始研发全球第一款基于GPS旅游B2B分销系统，于2007年投入运营，年均接待中国入欧游客7万余人次，为欧洲超过4000家酒店和30000辆大巴提供分销渠道。

强强联合，有着雄厚学术背景和科研成果，以及市场销售和运营方面丰富的资深经验，公司的发展步伐将迈得更坚实。

◎ 提高医疗服务水平，报效祖国

团队专注投身于远程医疗新应用领域的研发，解决方案和产品逐步投入使用，如近期积极响应援疆为伊犁巩留医院提供远程医疗技术支持就是一个很好的事例。地处偏远的新疆伊犁巩留县及周边乡镇，医疗设备落后，专业技术人员大量缺乏，卫生资源条件十分有限，只能承担着本区域常见病、多发病的诊治，对于疑难重症患者诊治困难。遇到疑难重症，偏远地区病人需辗转很远的路程到医疗条件较好的医院接受治疗，十分不便。

悟波智联作为一个有活力和肩负重大社会责任感的年轻团体，积极响应政府的援疆项目，以实际行动参与到其中，为巩留县人民医院提供手术设备和云服务平台。目前，公司设备已在巩留县人民医院骨科投入使用，这样该医院骨科医生在手术过程中可以随时与远在苏州第一人民医院骨科的医生进行互动，由上级医生来协助会诊或手术示教。这极大地提高了新疆偏远地区基层医院的医疗服务质量，提高了医院诊断准确率，又能使患者得到早期诊断、早期治疗，减少了疾病诊断和治疗上的时间延误，减轻了患者的痛苦。

相信更多的病人能受益于远程医疗带来的便利，这对于优化医疗卫生资源的配置，有效地促进各级医院医疗水平的提高具有积极的意义。

“科学技术是第一生产力。”同一件事情，不同的人有完全不同的解释，不是事实的不同，只是我们自己认知的差别，对于创业的理解也是如此。众所周知，创业是一场很辛苦的马拉松，但在段然看来，这是一段把自己的梦想逐步变成现实的科学成果转化的路子，所以他痛苦并快乐着。

让我们向科学家学习，向辛勤为大家付出的人学习。每个人的努力和付出，都是在实现自我、团队和企业的价值，同时也是为社会创造价值，进而为祖国、为人民贡献自己的青春和力量。

让历史铭记所有默默奉献的人们，感恩他们的付出和执着。正是一个个如段然和李药一样的追梦者，才成就了“大众创业、万众创新”的大事业、大辉煌，而正是这么多不断拼搏的创业者，才谱写了新时代新常态下新经济的交响乐。让我们为段然的探索和创新精神喝彩，祝愿他们的事业蒸蒸日上。

点评：千人计划和海聚工程等国家人才战略计划吸引着一批批优秀海归人才走进创业的队伍，值得肯定。双创大业中，海外留学生是一支重要的力量，李药、段然等海归人把所学与所用结合起来，理论联系实际，利国利民！

11 党欣：不输就是赢

在一步又一步的坚持中，其实你已经赢了。

党欣，女神王座项目的总负责人，金融专业，但计算机世界的魅力却深深地吸引着年轻的他。随心而去，自学成才，毕业后他并没有从事与金融相关的行业，中国冠群成了他的第一站。病毒查杀，汇编代码的工作，又为他接下来迈入游戏行业做好了铺垫。恰逢游戏公司招聘优化人员，用汇编代码优化渲染引擎，2003 年，党欣便凭着自己的优势，正式涉足游戏行业。后来在蜗牛的 3 年，有了 2D 游戏《强盗与厮杀》和 3D 游戏《机甲世纪》的项目积累之后，党欣开始问自己：我是不是可以做点什么？

“老大，我们自己开个公司吧，你领头!”“兄弟们”的热情和信任，给了党欣更大的动力。一个人走，可以走得很快，一群人走，可以走得更远，“兄弟们”的“逼迫”，促使党欣迈出了关键一步。

◎ 被逼出来的创新

究竟做什么呢？生动的泛娱乐化理念，即在新的环境下，把游戏和影视及其他娱乐全部贯通起来，给了党欣无限的启迪。在游戏中，经常有各种美女做 cosplay 角色扮演，做宣传，那何不海选美女作为噱头呢？让她们做主角，把她的脸复制出来以后贴到主角上面，这样的话，电视选秀、微电影、游戏，三者便可以很好地结合。捕捉到这一新颖的想法后，党欣不禁心潮澎湃。

既是一种传统的市场推广手段，又是新环境下，行业发展视角的创新。现在某些电视剧，如《美人制造》，就把 IP 卖给了一家游戏公司，让他们做游戏。大家都在不断探索新方式，“摸着石头过河”。既然如此，为何不勇于尝试呢？机会总是留给有准备且勇于把握的人，党欣毫不迟疑地将这一新颖的想法付诸实践。2014 年初，他开启了创业之程。

“玩儿的人很开心，你们把快乐建立在我们的痛苦之上！”党欣说。虽是开玩笑，却也道出了做游戏的辛苦。在寻找创意的时候，头脑风暴会是一个很好的方法，大家聚在一起集思广益，大的创意出来后再细化。女神王座的成员也会经常去玩别的游戏，看到其他游戏里某个玩法很好，便加以借鉴。然而，单纯仿制的游戏是缺乏足够竞争力的，亦步亦趋地模仿，终将面临被淘汰的厄运。那么，如何在传统 RPG 游戏市场里，做出自己独特的品牌，从而脱颖而出呢？创新！是的，只有创新才能让产品拥有足够的生命力。

“其实很多事情是逼出来的。”党欣提到，市场的状态会迫使你去不断调整战略。在充斥着中国风的游戏市场上，女神王座首先在美术风格上突破固有思维的局限，迎来希腊风。同时，选择古希腊风格的好处不仅体现在独具一格的美术风格上，随之而来的是具有认同度和发展空间的题材。

希腊女神和古代战将都比较多，题材丰富，资料容易收集，好演绎，且有足够的发挥空间。另外，公众对古希腊文化有着基本的了解，认同度和接受度有保障，这为女神王座创新之路的成功增添了又一砝码。最后，把女神王座选秀作为市场推广手段，同时做游戏，两者结合起来，推广会更顺畅，更具有发展前景。

除了 RPG 常见到的装备，女神王座游戏还增加了骑马、战斗等在市场上大家比较认可的内容，小小的创新、细节上的精益求精让游戏更具吸引力。这款游戏目前主要在端游，也可以在微观和网页上出现，目前基本都在 PC 上。未来希望实现向手机移动端多渠道扩展，石谷轻文化孵化器的国外销售团队，正在和外国公司接触谈判，希望产品能走出国门。

目前，在石谷轻文化的帮助下，女神王座游戏已经售出，基本上研发成本收了回来。“成功卖出去也是给自己套了一副枷锁”，一步更比一步高。党欣他们希望继续把这个项目完成，预售成功后，他们不仅要把产品做完，而且要做得更好。“更好”一直是党欣团队永恒的追求。

创业的整个过程中，石谷轻文化孵化器起了非常重要的作用。与其他孵化器相比，这里最大的特色是包销创业团队的产品。“可以专注于开发产品，省心而又高效。”女神王座项目组只负责研发，其他的事情都是孵化器负责。党欣以前创业时，所有的事情都得自己跑，运营、运维、市场推广、商务合作……繁杂的事情占用了太多精力。而石谷轻文化有非常专业的运营团队，这一系列的事情孵化器都可以代劳。甚至包括项目组要做官网，也只需提供素材，孵化器做好后会把最后的网址发过来让党欣团队验收。再如，现在不用团队自己开发数据截取后台，直接用石谷轻文化已有的数据后台即可。孵化器的数据后台是经过多款游戏验证的，既稳定又安全，各种流程齐备，相比于以前党欣他们自己做数据截取后台时不稳定且经常出错的情况而言，无疑又是一个福音。

◎ 枪和粮

创业中最大的困难是找人和钱，即“枪和粮”的问题。找人是最困难的，因为只有三两条“枪”的时候，要扩到十几个人是非常难的。党欣到处拉关系，坚持不懈，相信一颗诚心和好的构想，一定可以吸引靠谱伙伴的加入。在团队最初的成员里，有的是党欣以前的同事，如第一个合作伙伴，就是从上一家公司就一直跟着党欣的好战友。也有很多人是朋友介绍的，如他认识搞美术的朋友，就问有没有靠谱的美术人员介绍给他。互相介绍，撒网出去，最初的人员是这样一个个招齐的。

在招人方面，孵化器也给予了很大的帮助。目前很多招聘网站下载简历是需要费用的，而孵化器这样的大公司去看简历有很多优惠，这对创业公司来说，相当于节省了一笔开销。孵化器帮忙约面试者，这样，创业公司也不需要行政人员，党欣只需在应聘者报到时，直接拿着简历去面谈。面试时，党欣很看重个人的经历和素养。在简历上作假的人，他见面后聊两句就能看出来。党欣认为，不会就是不会，不会没关系，可以教你，可以慢慢学，但一定要诚实，这是最基本的操守。

“人往高处走，水往低处流。”谁不希望自己的努力和辛勤能换来更多的回报呢？这也是党欣的初创公司面临的最大问题——如何吸引人才，留住人才。对于初创公司而言，找到好的技术人员很难，而且时常会面临恶性竞争。有时月薪七八千元雇的人，可能会被大公司一万七、一万八挖走。大公司有钱，任性的做法，将整个成本都炒了上去，这对创业公司提出了极大的挑战。幸运的是，石谷轻文化孵化器提供的人才的选择比较多，简历份数充足，能保证人才的补给。

党欣也尽量通过感情留人。如果大公司挖人时只给涨三四千元钱，党欣会对员工说“兄弟咱们这里还是有希望的，自己干，等干出来了，咱就都是元老了！”党欣抓住的一点是：虽然大公司会让人接触到正规的制度，享受轻松的工作环境，获取更高的酬劳，但却剥夺了人的创造力和自由。细致的分工，几乎让每一个员工都像螺丝钉一般。而在女神王座这样的小创业公司里，尽管一天工作十三四个小时很辛苦，却很锻炼人，你可以干自己想干的事情，充分挖掘自身的潜力，奔着更远的发展前景而去。

人员基本稳定之后，党欣又着重去找钱——解决“粮”的问题。石谷轻文化孵化器本身就有2000万元的扶持资金，孵化器给女神王座项目投了一部分，党欣又通过朋友介绍等找了一部分。所有资质都在孵化器这里，由孵化器去争取政府或其他大的融资基金，企业再从孵化器这里得到融资。因为很多急需钱的企业本身达不到相应的标准，而创业机遇又需要分秒必争。

◎ **转型**

从技术人员转为公司的负责人，党欣感到各方面压力都很大。过去自己只是一个做东西的人，忽然转到方方面面都要管。例如，要跑营业执照，去哪儿跑？怎么跑？所有的事情不能再用一个“不知道”来解决，踏踏实实弄清自己不清楚的事情，保持虚心求问的习惯，是办成事情的唯一选择。现在的党欣还负责算账，过去学的金融知识在这点上倒是用上了。成本怎么算，加薪加多少，人员要保持在多少，水电费怎么摊，过节给兄弟们买礼物，安排去哪儿玩大约多少钱……事无巨细，全盘操心。当然还有公司的方向、项目的方向，甚至项目人员心情好不好，谁家老婆生孩子了，都是作为领导应当关心的事情。

当然，这些好的思维习惯和管理方式也并不是党欣创业后才养成的。从最底层员工一层一层干上来，经历了从被管，到管三五个人、十几个人，到现在管理整个公司50多个人，党欣在逐渐成为一个优秀的“关心民众疾苦”的好领导。

因此，他觉得创业不一定需要自己在之前有管过大公司的经验。判断自己是否适合创业，关键在于两点：第一，你有没有想法；第二，你有没有想好。第一是想法，你觉得这个想法可能赚钱，市场前景会好，就要认准它。而想好是指想清楚怎么做，实施目标的步骤要想清楚，要干哪几件事情，才能达成目标，要闯过哪些关才能闯出来。而管理经验，都是在创业过程中磕绊出来的，可以一边做一边学，所谓“摸着石头过河”，敢闯敢干。

◎ 堵不如疏

提到游戏，总有人觉得玩游戏是浪费时间，因为很多人太痴迷于此而不能自拔。开发游戏的党欣也反对沉迷于游戏，提倡有节制的娱乐。尤其是对孩子，他认为：堵不如疏。例如，党欣的外甥上高一，很喜欢打游戏、看电视。他就和姐姐说：“你别堵着，你让他玩，因为他不在你面前玩，就会跑别的地方玩，我小时候也干过这事，当初咱俩怎么跟家长斗的，你都很清楚，对吧?”党欣小时候也打游戏，早饭不吃，省一块钱跑到街机厅买四个游戏板。但四个板花完了，他还是得回家写作业。其实偶尔玩一会儿，影响并没有那么大。如果对孩子管得太紧不让他玩，他可能会更加好奇，想各种其他途径偷着玩。所以，党欣的姐姐现在每个月给孩子 10 块钱的游戏资金，专门用于玩游戏，而他的外甥现在只在每个星期天下午才去娱乐一把。

想来对成人也是一样，平时的生活紧张又充满压力，偶尔玩玩游戏，是一种很好的放松。“有节制的娱乐”，游戏，让我们的生活更有趣。

◎ 不输就是赢

党欣说，目前公司在行业中还是“小虾米”，希望它今后能长成大鱼，这取决于项目产品本身。据万达集团董事长王健林说，实体销售业将会消失，变成实体娱乐。万达将来就没有卖货的了，只剩下吃喝玩乐，看电影、吃饭、小孩玩、游戏厅，买货的东西全部到网上去了。百货都消失了，实体就只剩下娱乐了。女神王座项目是做娱乐行业的，所以党欣会坚持这个方向，跟着泛娱乐化的趋势走。公司计划今年上一款产品，然后再扩一到两个项目，慢慢往上扩，不断发展。

真实的创业过程，也许没有我们想象的那样丰富有趣，充满激情。创业是对每个人体力和意志力的考验。孵化器的负责人告诉记者，党欣已经连续几个月都住在公司里，每天都工作到夜里两三点。

工作繁忙的党欣在采访结束后，迅速赶回了办公室。但他说的话却一直在萦绕在耳边：创业，就是要时时刻刻把心树在那里，永远围绕目标，把坏掉的东西或者将来可能会烂的东西全部拿掉，把所有可能导致输的因素全部去除，把所有的问题全部解决，剩下的就是健康的，事情就能办成，不输就是赢。

点评：坚持就是胜利，不输就是赢。党欣和《女神王座》运用逆向思维，先把所有可能导致输的问题解决，这不失为一种好的思维方式。正如习近平主席倡导的那样，做最坏的打算，争取最大的成功。

12 熊家煜：写游戏比玩游戏更有意思

学习或做事的效率不是个人能力问题，很多时候是想不想做的问题。

史蒂夫·乔布斯说："我很幸运，因为我很早（20 岁）就找到了自己爱做的事。"

十二引擎的创始人兼 CEO 熊家煜也很幸运，因为他爱做的、擅长做的和能赚钱的事合而为一：写游戏。

因爱玩游戏进入游戏行业，没想到在写程序的过程中，他发现写游戏竟然比玩游戏更有意思。疯狂地爱上了写代码的熊家煜，尽量减少与人打交道的时间，一个人憋在房间里痴迷地"做游戏"。这种痴迷让他在游戏引擎领域迅速成为高手。在大小游戏公司负责引擎模块工作时，他发现了游戏行业对一套跨平台整体解决方案的巨大需求。一直有创业想法的熊家煜没有错过引擎市场重新洗牌的机会，果断辞职创办了十二引擎项目组。

十二引擎项目组是技术作为产品的第三方支持公司。其技术最大的特点是使得引擎能够在页面上直接下载，并很好地解决了插件通过率问题，大大减少了由于插件等安全问题造成的客户流失。

熊家煜早期与老外一起创业时，一个月就突破了英语口语，甚至还用英文写科技博客，介绍中国游戏引擎的情况。写游戏是他喜欢的，但作为创业者的他却说：“只做擅长和喜欢的，是对自己要求太低。”

◎ 引擎本身的实际价值

引擎是一套基础但难度非常高的技术方案，开发引擎需要大量的人力、物力和时间，对开发人员的要求很高。所以，很多游戏公司都会选择业内比较成熟的技术解决方案以节省研发成本和开发时间。国外有很多成熟的引擎，但国内自主引擎一直没有做出来。因为本身市场前景不明显，虽然几乎每个公司都有引擎小组专门做自主引擎，但并没有将其商业化。大厂商觉得单靠引擎授权利润太少，不愿意冒险。

然而，对写程序情有独钟的熊家煜却看到了引擎的广阔市场。在工作中，他经常使用和修改第三方商业引擎、自源引擎和自主研发引擎，对引擎的实际应用非常了解。他发现，自主引擎和商业引擎都有各自的缺点，在实际应用中有各种各样的问题。大公司当时没有看到引擎本身的实际价值，以为引擎只是技术授权这样简单。实际上，引擎涉及整个研发生态，如国外最成熟的引擎 Unity，不仅以技术和价格取胜，最主要的是有一个生态，很多人使用它，有很多资源，这是它的巨大优势。后来触控科技做的“开明”引擎，在国内推广很容易就是因为做出了生态，不仅解决了技术问题，还解决了使用这款引擎的产品问题，甚至还帮忙负责发行。这正是熊家煜看重的引擎带来的生态效应。

行家看门道，长期在引擎领域的浸润让熊家煜看得更远，加上自己做的一些“开源”项目反响很好，熊家煜更坚信市场对引擎的需求，也相信自己是满足此需求的合适人选。不仅是因为自己的专业技术，更是因为“哪怕赚得再少，我也愿意，因为写游戏是最好玩的！”

熊家煜创办的十二引擎项目组，核心竞争力在技术。使用十二引擎技术，用户通过合法的白名单网页就可以直接安装进入游戏，很方便，也十分有利于游戏的市场推广。

◎ 技术 + 艺术

在越来越多的工种被机器取代的今天，艺术创意正变得越发稀缺重要。

熊家煜的第一个合伙人，是能力和人品都非常优秀的美术人才。不要以为引擎只是纯程序员的工作。实际上，引擎需要大量的美工支持。产品样本需要非常专业的美术制作，需要大量次时代的美术。此外，美术在评估引擎到底好不好用、工作流到底合不合适方面也至关重要。

深谙引擎制作的熊家煜对美术非常重视。目前公司近 20 人中，美术和技术差不多各占一半。更有特色的是技术美工，这类跨学科人才对美术制作和程序实现都有所了解，能回答同时涉及程序和美术的问题，而纯粹的程序员或者美术往往说不清楚。这样的人才很难招到，都是十二引擎组自己培养的。培养他们的老师就是熊家煜，他发挥自己超强的自学能力，由程序员变为技术美工，然后又成了“老师”。

相比之下，很多国外公司并不特别重视美术，也不知道中国美术的大概流程。国外和国内引擎在开发流程方面也有很大的差异，所以国外引擎到中国一般都有“水土不服”的情况，学习成本非常高。十二引擎组充分发挥本土优势，花了很多功夫保证引擎学习成本低，容易上手，在每个环节上控制质量，做出好的效果。

好的产品来自优秀的人才。想在一个领域表现卓越，必须要有扎实的基本功。招人时，熊家煜十分看重基本功。他并不指望新员工一个月内就能上手。不管美术还是程序，他都会考察应聘者有关程序的、技术的一些基础知识。如果应聘者之前没做过引擎，但是会 C ++，那么熊家煜就会考察他有关 C ++ 的知识。如果是美术就会考察建模的基础知识，如果之前没接触过次时代的技术，熊家煜会检查他第一个画的图，布线科不科学，整个工作流有没有思路等。因为熊家煜相信，基本功好的人很难走弯路。对引擎感兴趣、基础好、做事踏实的人，进步会非常快。

一旦有机会融入这个由技术大牛+美术大腕们组成的团队，你就会发现，公司氛围决非人们印象中的技术公司那样沉闷枯燥。熊家煜的合伙人是很讲哥们儿义气的东北人。于是，大家生活中的交流“很东北”，甚至还夹杂着“匪气”。聚餐时，大伙买上几十斤肉，在会议室里做菜，大碗喝酒，大口吃肉。吃完了、喝完了，就高高兴兴地开始工作了。

“匪气”的公司，规则很简单：第一，对自己的事情负责；第二，对团队其他人负责。任何事情不能只想着自己，还要考虑对团队的其他人是不是有影响。除这两条外，其他的要求都比较低，工作时间很自由，只要保证按时完成任务，不影响他人的进度即可。

现在熊家煜管程序，另一位合伙人管美术。两人风格不同，但目标一致，性格互补，有任何事情都一起商量。“再小的公司也要有自己的文化”，熊家煜也一直思考着，如何让技术和艺术在游戏和现实中都能碰撞出智慧和快乐。

◎ 不建议屌丝员工创业

投资者说，创业者本身比他们提出的创业想法更重要。如果创业团队拥有与成功密不可分的品质，那么再简陋的想法配上这支强大的团队也会让人刮目相看。究竟具备了怎样条件的人才适合创业？熊家煜说：“如果工作时你一直都是小员工，不建议你去创业。”

一般来说，工资非常低的“屌丝员工”去创业，成功率是比较低的。如果作为一个程序员，别的程序员都拿两三万的时候，你还拿七八千，你去创业其实不靠谱，因为低工资说明或者你本身技术能力有问题，或者方向选择有问题，或者团队合作能力有问题。“最好先让自己成为能够拿两三万工资的人，成为团队不可或缺的人，再去考虑创业的事情。因为在技术领域，工资基本上可以看作个人技术能力的客观衡量指标。”

熊家煜也不建议频繁跳槽。每个企业、每个团队都有各种各样的问题，但是这些问题不影响你做最需要做的事情就可以了。熊家煜离职时，一定是工作完成了一个阶段，或者真正到了一个瓶颈。

辞职创业时，熊家煜想了非常久，不是犹豫了非常久，而是准备了非常久，“跟媳妇做好了思想工作”。创业不是简单地写写代码、管几个人就完事了，可能涉及很多其他问题。所以，不能因为简单的工作不顺就去创业。创业之前，先问自己，我是一个怎样的员工？

◎ 只做擅长和喜欢的，是对自己要求太低

早在2008年，熊家煜就和一个美国人一起做过一个工作室，给国外平台做技术支持。当时他的心态非常好：“花一两年时间试试。”虽然后来因为金融危机等原因公司被“暂停”，但这个过程让熊家煜更加了解了客户到底需要什么，也全方位地锻炼了自己。

从未留过学的熊家煜和美国人合作并没有语言障碍。他的英语很好，“多和老外聊，大概一个月英语就能练出来了”。“我平常比较喜欢看美剧。”他的英文科技博客也非常受欢迎，他还做过一些科技文章翻译工作。

熊家煜大学期间已经开始实习工作了，在外地一家较小的创业公司。“很多地方都很不正规，一个人可能要做四五个岗位的事情，而且这些事情都非常重要。这也是小公司最锻炼人的地方。”当时作为程序员，熊家煜有时还得当翻译，跟老外客户交流，做服务器的管理，甚至还做办公室的杂事、网建等。从那时起，熊家煜养成了习惯，不管这个事情该不该你做，只要给你安排了，就必须完成。

在熊家煜看来，学习或做事的效率不是个人能力问题，很多时候是想不想做的问题。不管是创业还是在公司做管理者，很多事情都是你不擅长但必须做的，这时就得硬着头皮上。什么事情都挑自己最擅长最喜欢的，实际上是对自己的要求太低了一点，对个人成长没有帮助。

很多技术人员想创业，但又局限于工作养成的思维习惯，“老实本分”，顾虑很多，有些程序员比较腼腆，不善于和人打交道。所以，程序员要创业，首先要有决心迈出第一步，对自己要求多一点，多锻炼自己的交际能力。

作为“非典型程序员”，熊家煜一直和业内的很多人保持着联系。有机会来到石谷轻文化孵化器，也是因为得到业内有名的趣游李威的推荐。每天都有新机会，但你首先得有信息渠道和人脉才能抓住。

创业是全面的修炼过程。由做技术转为创业，也要在心态上做好调整。作为打工者，可能不太理解老板是什么想法。而作为老板，需要能理解每个人的心理。熊家煜在打工时，也觉得做好这块东西就应该差不多了，顶多更加负责一点，把相关的东西也解决好。但现在不一样了，整个团队每个人都要考虑到，每做一个决定、每做一件事，都要对每个人负责，对整个团队负责。

新角色带来的新挑战并没有让熊家煜退却，因为，他从不“对自己要求太低”。

◎ 未来的无限可能

越努力，越幸运。对自己严格要求的熊家煜，一直说自己很幸运，找到了最想做、能做好又能赚钱的事，而且在恰当的时间，遇到了“对的人”——石谷轻文化。

如果没有石谷轻文化孵化器，十二引擎项目组不会接触到那么多开发商。“我们接触了 360 等公司。通过石谷轻文化，基本上大半个中国的开发商都能接触到。”孵化器提供开发商的信息，有时甚至会直接安排一些会面，如2014年就直接安排去360总部做引擎的宣讲。当时在场的有20多家开发商，会后有四五家开发商直接和十二引擎谈深度合作。有了大公司的推荐，线下推广也更容易获得认可。如果没有进入孵化器，作为一家初创企业根本没有能力争取这么多机会。

公司发展过程中也遇到了很多困难，如海外授权关税过高、退税等问题。对此，孵化器也在帮助协调。

虽然十二引擎项目启动不久，但现在已经在和很多企业谈合作，如360、游戏橘子、日本索尼和福州的一些游戏公司等。目前，十二引擎还在评估各项目背后的商业利润和是否匹配它们现阶段的能力。公司的发展充满了各种可能，因为现在用户对他们的引擎很认可，不管是在技术方面、效果方面，还是授权的友好程度上。国内专门做引擎的公司还很少，十二引擎又解决了插件通过率问题，整体上很有竞争力。

未来，十二引擎希望能做到类似Unity这样的引擎公司。用户广泛，团队强大而完善。采用免费提供技术支持，在游戏产品上线后分成的商业模式。长远来讲，熊家煜希望能做发行、做平台。现在，十二引擎正在迈出第一步。

“成就一番伟业的唯一途径就是热爱自己的事业。如果你还没能找到让自己热爱的事业，继续寻找，不要放弃。跟随自己的心，总有一天你会找到的。”乔布斯的鼓励不断在耳边回响。如果有一天，你发现一件事情比玩游戏还有意思请千万珍惜，也许，是你的幸运来了。

点评：态度决定一切。只做自己擅长或喜欢的，是对自己要求太低，生活中我们可能是屌丝，或暂时是loser，但是我们不能甘为平庸，而要敢于挑战自己，成就伟业。

13 何剑波：开启中国在线理财教育的新时代

热爱就是自始而终地专注。

何剑波，一名“70后”，他挚爱金融，演绎着跨界的人生。以金融为高考第一志愿的他曾因分数不够而被清华大学调剂至力学系学习。本科毕业后，他跟随当时计算机发展潮流，做了计算机编程工作。而从工程力学到IT行业的跨越，几乎是自学成才。4年之后，他顺利通过清华大学研究生入学考试终于圆梦学习金融，实现了从力学到计算机再到金融的三级跳。至此，初心终究变成了归宿。

他与清华大学有着不解之缘，那里是他梦开始的地方。在那里，何剑波完成了本科和硕士的学习，走出校门，任职过清华大学中国金融研究中心数据总监，曾是美国纳斯达克上市公司——中国金融在线集团的高管，是财经数据和量化投资领域的专家，他经常会抽出时间为清华大学五道口金融学院的EMBA同学们讲课，如今是中国首家在线理财教育平台——家财网的CEO，家财网也被深深地打上了清华大学五道口金融学院的烙印。

◎ 集天时、地利、人和于一体的创业之举

孟子曰：“天时不如地利，地利不如人和。”意思是指，有利的时机和气候不如有利的地势，有利的地势不如人心所向、上下团结。古时

战争谋求天时、地利、人和，而今市场竞争同样需要。商场如战场，企业的决策者就像决战沙场的统帅，决定着胜负天平。

说到在线理财教育，不得不从在线教育谈起。2013 年被业界普遍认为是中国在线教育的元年，也就是从那时起，中国的教育进入到一场基于互联网信息技术的伟大变革中。2014 年，中国在线教育迎来大爆发。不管你是否察觉和认可，在线教育都已成为创业和投资的热土。

各种有利的政策同样为中国在线教育的发展注入了强心剂。早在 2012 年 3 月，教育部就发布了《教育信息化十年发展规划（2011—2020 年)》，提到教育信息化将成为未来 10 年发展的重点。2012 年 7 月，教育部公布的《国家教育事业发展第十二个五年规划》，提出到 2020 年要基本实现教育现代化，基本形成学习型社会。2014 年，李克强总理在国务院常务会议上曾表示，将把在线教育作为重点打造的新业态、新产业之一。而实现教育的现代化、培养信息化人才以及教育信息系统的建设，都离不开在线教育的大力发展。同时，资本领域也是热潮涌动。据统计，2014 年中国大约有 30 亿元人民币的资本投向在线教育，从事在线教育的企业以每天 2 家左右的速度增长。

政策利好，资本关注，都为理财领域的在线教育发展营造了非常好的氛围。也就是在这时，家财网相时而动，捷足先登，悄然涉入在线理财教育。与其说它是跟风之作，不如说这是弥补市场空缺之举。因为，当时的在线理财教育尚处于空白阶段。

随着中国经济的发展，居民收入的增加，涌现出越来越多的富裕阶层，但他们却将大部分可投资资产集中于银行储蓄。这说明，一方面，中国金融市场理财服务的机构和产品有限，无法满足大众需要；另一方面，暴露出民众理财知识水平的匮乏。研究结果表明，中国大众家庭的理财知识匮乏已经成为制约家庭理财的主要因素之一。

清华大学中国金融研究中心做过一个调研，他们把金融普及性的知识以问卷形式调查了2000余人，借此了解中国金融知识的普及程度，然后再对比其他14个做过调研的国家，这些国家包括美国、匈牙利、南非等。调查结果令人大跌眼镜，中国的排名是倒数第二，仅仅比南非稍微好一点点。“这个数据就说明了中国的金融知识普及是非常低的，更别说理财相关的知识。所以，一方面有迫切的需求，另一方面你又不懂如何去理财，这个时候，大众就迫切希望有一些课程能让他们很快地了解理财方面的知识。”显然，何剑波感受到了这块市场需求到底有多大。

有了这个需求，如何去满足呢？如果是线下一个班一个班地开展，一个班招收五六十人，然后就培训，这没问题。但是普通家庭的教育，上亿人群，你如果通过开班的话……那一刻，他想到了国外非常火的MOOC（大型开放式网络课程），“我们国内能不能也采用这种方式，以在线教育的方式来做这件事情，我们不光要做高端的金融教育，也要满足普通老百姓的需求做理财知识的普及”，最后，基于这个需求，他选择了在线理财教育。

当何剑波决定创业，而且已经有了切入市场的想法后，他接下来最重要的任务就是搭建一个共同创业的团队。他看重团队是否合拍，彼此是否认同，兴趣是否一致，也就是常说的“志同道合”。尤其是组建核心团队，这更是首先要考虑的问题。“一个好汉三个帮，一个篱笆三个桩。”没有人会拥有创建并运营企业所需的全部技能、经验和关系。他说：“每个人都有自己擅长的一个方面，不可能面面俱到，哪些方面你擅长，哪些方面他擅长，每个人都有自己的侧重点，这样就会有共同的方向，谁也离不开谁。”

何剑波在组建团队的过程中也不是一帆风顺，经历过意见不统一，也经历过核心人员的离开。在他看来，这都是创业过程必不可少的一部分，他相信留下来的都是能和他并肩作战的，都和他一样始终怀揣着那个创业梦想的。目前，家财网的团队建设已经成型，来自于投资领域、财经媒体、在线教育的精英共同铸造了家财团队的核心竞争力。

◎ 搜遍理财上万字，不如家财几分钟

家财网于 2013 年 7 月由清华大学五道口金融学院正式立项。2013 年 11 月推出家财网网站测试版本，到 2014 年已经拥有近 40 位理财专家，上线了 40 多门理财课程以及 400 多节微课，手把手地为用户提供可信赖、可操作又有效率的在线理财教育。可以说，家财网填补了中国在线理财教育市场的空白。

“目前来说，做理财教育比较成体系的，我们是唯一的一家”，何剑波胸有成竹地说道。从无到有，从无人知晓到名声渐旺，让他倍有成就感。对于 BAT（百度、阿里巴巴和腾讯）是否介入在线理财教育，他毫不担心，“相对来说，理财教育是专业性比较强的一个行业。对于我们来说，应该不会有太大的冲击。事实也是如此，它们之间不存在竞争，更多的是一种合作的关系”。就在前不久，百度传课宣布与家财网合作，设立“传课—家财网”专区，共同打造线上理财全套课程培训体系。

家财网的产品包括线上理财课程、线下讲座以及理财咨询三个方面，线上理财课程是平台的主要业务，线下讲座是平台线上业务的辅助和实体宣传，理财咨询则是平台的业务深化和延伸。它们已经独立形成了一套从挑选题目、预约讲师到课程录制的完整规范的体系。

家财网最大的亮点在于课程制作的 C2B 模式，即家财网会根据微信公共账号文章中用户的点击量和转发量来掌握最迫切的理财需求，进而挑选出热点题目进行课程制作。其独创的五步理财法，通过深入浅出

的在线视频课程，循序渐进地帮助大众理财者“懂规划”“筑保障”“巧消费”“善借贷”“会生财”。其中，问答式视频是家财网理财教育的核心特色，旨在通过解决实际问题帮助国人提高财商、掌握财技，以理财达致幸福人生。

此外，家财网还提倡用户利用零散时间进行理财学习，大部分课时都控制在10分钟之内，很多课时更是控制在5分钟以内，微课更是彻底地贯彻了这一学习理念，用户通过每一节微课就可以了解一个理财知识点。

从以上业务不难看出，家财网做的就是一件非常聚焦的事情，以家庭理财教育为主，而不是横向发展。“我们只专注理财，大家如果还有理财进一步的需求，比如说咨询，那我就做咨询，如果需要推荐产品我们再做产品，我们是纵深发展。”对比其他的从业机构，何剑波归纳为三个方面的优势：一是先行优势，家财网是第一家介入这个领域的；二是专业优势，体系化的家庭理财课程已经成型；三是品牌优势，清华大学五道口金融学院互联网金融实验室对于家财网的发展带来了巨大的平台影响力。

◎ 搭乘互联网金融实验室的便车

一说到创业，往往是这样的情景，怀揣着美好理想拥有满腔热血的几个人，对将要做的项目的未来做出判断，对投入多少资金做出估算后进行的自发、主动的行为。与之不同，家财网的创立，最初的想法来自于清华大学五道口金融学院，确切地讲，是五道口金融学院下设的互联网金融实验室，可以说家财网的出现更像是一种被动创业的行为。在清华大学这么多年知识和人脉的积累，让何剑波成为家财网的掌舵人。这个过程，他形象地称为“奉旨创业”。

“奉旨创业”既是机缘巧合，似乎也是命中注定。日历翻到2013年，当时五道口金融学院有了想做家财网项目的想法，但是要做这件事情必须要求这个人既要具备金融知识，又要掌握互联网方面的知识。有些时候事情就是那么巧合，恰恰当时想做这件事情的领导就是当时何剑波在清华大学经管学院读硕士时的老师。凭借当时结下的友谊以及何剑波自身相关知识的积淀，学院当机立断，“你就是最合适的人选”。

机会不期而遇，当时还是中国金融在线高管的何剑波没有任何犹豫，欣然答应，事业迎来了转折。这也意味着，中国在线理财教育的号角悄然吹响，百姓投资者理财普及看到了曙光。“因为本身我自己也比较看好这件事情，而且坦白来讲，我现在年龄也到40岁了，也想做一些事情，而不仅仅是在一个部门里边，优哉游哉的，那样的生活毫无意义。我更希望运用自己的专业知识和丰富的从业经验，引领普通中国投资人，科学规划家庭理财生涯，少走弯路。”

承载着重托和希冀，项目正式启动。何剑波的随和包容，对事业的执着热忱，以及专业知识的深厚积淀，给学院领导和创业团队留下了深刻的印象，互联网金融实验室也输送了大量的专业人才进入家财网。再加上对IT行业的熟悉和对金融的理解，让何剑波的才华得到了充分的施展，家财网成立不到半年就取得了很大的成绩，创立五步理财法、拍摄理财核心课程、网站上线公测版……有很多五道口金融学院的老师也加入了授课队伍当中，提供了师资保障。互联网金融实验室提供的初始资金更是家财网发展至今最大的保障，它实现了家财网与各种资源的对接。可见，学院对于家财网做出的帮助是全方位的，让人不禁羡慕，何剑波比起那种真正白手起家的创业者是多么的幸福。

家财网在广告中是这么说的：“清华的严谨，央行的传统，互联网的轻松”。家财网搭乘着清华大学五道口金融学院互联网金融实验室的便车，它的未来充满了无限遐想。

◎ 创业就是始终如一地坚持

“这是一个最好的时代，也是一个最坏的时代。”英国作家狄更斯在《双城记》中这样写道。用这句话形容当前中国的创业环境再合适不过了。说它好，是因为全民创业的风潮来临，人们面临前所未有的机遇；说它坏，是因为在大浪淘沙之下，竞争激烈，荆棘密布。家财网就是产生于这个最好、最坏的时代背景之下。

有人说何剑波的创业一马平川。是的，比起白手起家的创业者，他的创业起步阶段明显要顺利很多，像是“前人栽树，后人乘凉”。但是，创业不只是说说而已。离开高枕无忧的高管职位去做一件商业模式没有先例、前景又是未知的事情，你就能体会到他的付出、他的困难。较之于前，他变得更累了，“创业一年多的时间，我死亡的脑细胞比以前做职业经理人要多得多”。他面临的压力可想而知。处在那样的环境下，他要去考虑很多东西，有战略方面的，也有战术方面的，他需要审时度势，他需要出谋划策……

然而，在如此疲惫的状况下，他没有逃避，反而越来越享受这样的状态。创业让他感觉是一件很有意思、很有意义的事情。每个清晨，叫醒他的不是闹铃而是梦想。两年来，他深深地爱上了这份事业，爱着家财网，“就像自己养了一个小孩儿一样”，幸福的滋味溢于言表。不仅仅是热爱，说起如何理财，他也是那么资深，“一个人理财，首先要看两个方面，一个是横轴，一个是纵轴。横轴就是你的可能有好多个需求，纵轴就是要看你这个人所处的是哪个阶段，也就是年龄段，老年人理财、年轻人理财、三口之家理财，考虑的角度也是不一样的”。“剩下的就看你有多少资金，资金怎么去分配，哪些投资比较高风险的，可以拿多少，这是资产配置的问题了。”

家财网的今天，离不开何剑波始终如一的坚持。当遇到内部意见不统一的时候，他会对那些有急功近利想法的人、想改头换面做事情的人坚决说“不”，现在回忆起当年力排众议的情形，他依然为自己的选择叫好。“因为我做企业经理人也做了很长时间，遇到过太多半途而废的人，但是，一件事往往如果再坚持一下，可能就柳暗花明了。”他把自己的亲身经历告诉他的团队，要时刻保持坚定的信念，禁得住诱惑。此时此刻，他回忆起大学期间担任力学系长跑队队长的经历，“跑长跑，首先坚持是肯定的，另外是体力分配，并不是看人家跑得快你就着急，你就拼命地追，你要按照自己的节奏去跑”。对于目前有创业想法的人，他给出自己的两点建议，“第一，自己要非常热爱。创业确实风险很高，做一个风险很高的事情，一定要选择自己最感兴趣的去做；第二，一定要有一个好的团队。任何一个人，特别在这个社会上，靠一个人的力量很难成功，必须要有一个团队才能够优势互补”。

当然，任何处在市场经济条件下的企业都会面临如何盈利的问题，家财网也不例外。在一个大家习惯了享受免费东西的环境下，如何从客户身上，尤其是面向收入不多的工薪阶层时，引导客户形成付费习惯就变得难上加难。再加上课程开发短期内难以形成规模，线上课程的初期市场推广需要一定的时间。正因如此，何剑波坦言，家财网目前还没有实现盈利。对此，他也做了几种探索性的尝试，一是根据用户的需求进行线上和线下的结合，通过互联网推动线下产品的开发与销售；二是家财网的内容优势和其他机构的市场资源形成互补，实现双方利益共享。谈及以后的发展，他坚信，家财网凭借自身的专业知识、师资力量以及教育品牌已经抢占了市场先机，未来发展空间一定是无限的。

点评：理财教育在我国尤其是义务教育阶段一直是缺失的，财商也是人的一个重要素质。从这个意义上讲，何剑波和家财网是个亮点。但愿何剑波的坚持能够为每个人的财商贡献力量。

14 伏英娜：苏世独立　横而不流

我一定要做一个你们没有的！

伏英娜，江湖人称“女极客”“女侠”，爱科幻，好滑雪，喜瑜伽，能同时一手画圆，一手画方。她曾是学霸中的学霸，大牛程序猿中的大牛，索尼爱立信手机软件鼻祖师太，后加入微软公司做市场，负责整个亚太区，连续创业者。现为迈吉客创始人兼CEO，最重要的是，心理年龄永远20岁。

迈吉客科技（上海）科技有限公司是伏英娜于2013年4月创立的。这是一家定位于建立并实现移动应用魔法王国梦想的移动互联网公司，用虚拟增强现实技术，兴趣图谱，支持虚拟和真实商品的魔贴商城，致力于用移动应用产品和超酷的技术影响世界。

介绍迈吉客现有产品哈图时，记者们常用到一个词：2又1/2次元。别担心，不懂这个词的不只你一个。伏英娜解释说，这指的是介于平面的动漫二维世界和我们的三维世界之间的次元，因为哈图用很多计算机图形图像学专业的方法，帮助完成超现实摄影。可以从虚拟到现实，或从现实到虚拟。例如，将你的脸融入电影海报里。哈图设计了各种百变场景，伏英娜就坚持“每日一哈”，在各种梦幻的场景中，你总会发现，咦，有一张脸在冲你笑，哦，原来是她！

不仅如此，哈图更追求的是图片社交，通过现实的玩法，用户可以恶搞别人的照片，还可以进行 3D 变幻等。总之，让图片社交更好玩，让现实和梦幻只有“一哈之遥”。

哈图产品还在不断完善中，但目前下载量已近千万。玩是人的天性，“女侠”创业，就是为了好玩。那么，女侠创立迈吉客之前是怎么玩的呢？

◎ 女侠是怎样炼成的

伏英娜成长于知识分子家庭，爸爸是工程师，妈妈是教师。自由、民主的成长环境让她从小就很有主意。作为一个典型的兴趣导向的人，她是学霸，但绝不是乖乖女，不喜欢老师就不学这个学科。

高中时的伏英娜喜欢看书，她看遍了图书馆里所有的科幻小说。丰富的想象力就是这样培养出来的吧！这种想象力不仅让她学起几何来如鱼得水，而且帮助她在大二开始学计算机专业课时，突然变成了一匹黑马，把无数男同学远远地甩在后面，任他们目瞪口呆、挠头跺脚、咬牙切齿。

毕业时，她给导师做过一个项目，从头到尾都由她一个人完成。为了节省时间，她就自己写代码来做测试，还做过模拟仿真软件等。回想起来，那时就是在创业，只是当时没有现在这么好的环境，她也没想到要创业。

后来她来到北京，2002 年开始在索尼爱立信工作，做手机软件，负责本地需求，把一些来自运营商、市场的需求整理成通信行业规范，并拿到总部瑞典去给领导和客户看。做任何事情都寻求最佳路径的伏英娜觉得这个研发和沟通成本太高了，认为自己能在智能手机上替厂商做这件事儿，做一些软件，反过来再卖给厂商。于是，骨子里充满创业精神的她，放弃了在索尼爱立信的高薪和中科院的软件工程硕士学位，于 2004 年开始了第一次创业。

初次创业很成功，伏英娜做了很多解决方案卖给手机厂商，当时大的手机厂商都是他们的合作伙伴，还做了飞信手机客户端、手机摄像头等。可惜那时不懂市场，后来投资人想变现，不久后公司被塞班高价收购了。收购协议中要求她必须去塞班工作一段时间。伏英娜实现了财务自由，却失去了人身自由。

基于自己的道德准则，她还是全力做好本职工作。但女侠毕竟是女侠，在哪里都是理性和感性的完美平衡，在塞班她也做得有声有色。

2010 年上半年，提前获得“自由”的伏英娜准备再次创业，但此时，猎头挖她去微软负责最新技术的传播和推广，针对开发者做传播。伏英娜觉得这个挺有意思，因为接触的都是开发者和客户，也能让技术出身的她从市场角度看看技术能带来什么价值，开阔自己的视野。

在微软，伏英娜再次展现学霸本色，把别人半年甚至一年才能搞定的内容，在一个月内全部弄清楚，同时负责 9 个项目并都保证了完美的业绩。

在微软待了一年，与开发者和创业者打交道，重燃了伏英娜创业的热情。但领导坚持要再留她一年，让她任选微软的职位。喜欢探索未知的伏英娜选择了去微软总部，在众人的羡慕和惊叹中，拿到了 LYA 工作签证，飞到了西雅图。

伏英娜在总部的团队负责定义微软全球战略，获得的资源也是最好的。其他部门的人分管不同的领域，按社交、游戏等类别划分，但伏英娜负责亚太区所有的内容，不分类别。正因如此，伏英娜的视野进一步拓宽。加上平时和同事的交流，她能从全局的视角，结合自己的优势，再次找到了蓝海。

◎ 回国创业，做一个你们没有的

正当在微软做得风生水起之时，一些“小事”激起了伏英娜的“不爽”。当时微软从苹果商店等买来数据，并根据分析预测选出前100个软件。不同小组会定期在一起讨论，说明选择某个软件的理由。伏英娜在和欧美同事讨论时，总要解释说：这是Chinese Twitter，这是Chinese Facebook，这是Chinese ××。她沮丧地发现，没有一个产品，她可以和同事说：这是你们没有的，是中国创新的。因为当时中国所有的IT产品，都是有国外参照的，都是“抄”的。

直接说“这是中国的Twitter”，确实便于老外理解，但却令伏英娜非常不爽。难道中国就没有自己创新的产品吗？所以她利用资金扶植一些她当时认为是创新的中国创业企业，如春雨、虫洞等，但后来发现这些在国外也是有的。

伏英娜不服！她决心：我要证明，中国也有创新的产品！我一定要做一个你们没有的！可是做什么呢？

喜欢玩拼图等益智类游戏的伏英娜，很早就想把照片变成游戏，和朋友一起享受不知拼出的结果会是何物的悬念。但前几年的技术还做不到，后来有了社交网络，做图片社交的机会来了！当时伏英娜想用这个去创业，但是领导不同意，出于“职业道德”，她只好先暂停这个想法，去微软总部工作。

后来，“你画我猜”游戏火了，伏英娜非常后悔。她觉得如果自己当时做了，会做得更好。因为她想做的，正是图片社交的游戏化。在很多人致力于游戏的社交化时，喜欢反其道而行之的伏英娜则在考虑如何让社交更游戏化。

基于自身的兴趣和背景，伏英娜选择做图片社交。

可是，不爽归不爽，不服归不服，兴趣归兴趣，真的可以放弃百万年薪，说出来就出来吗？

这对很多人来说都是很艰难的选择，但对爱自由，喜欢“追随内心”，以乔布斯“活着就是为了改变世界”为信仰的伏英娜来说，答案很清晰。

因为她知道：不能再浪费生命了，我必须出来创业，不然以后会更后悔的！

◎ 有自信的人，绝不会抄别人

“我从来不喜欢走别人走过的路，我要做别人没做过的事。”

自信满满、讨厌抄袭、渴望挑战的伏英娜，在经历了技术和市场的双重历练后，重出江湖。这次，她要打造一家硅谷范的创新型企业，告诉以前的同事，这是来自中国的创新。

说实话，让每天冒出无数个点子的伏英娜集中精力专注于一个方向，有些残忍。幸运的是，伏英娜找到了最让她有激情的方向：自由、兴趣和梦想的结合体。

伏英娜现在的项目，英文名是 Magics APP，简称哈图，“哈”有“热爱和喜欢”“开心和快乐”的意思。我们用创新的方式，让你更快乐。

这款超现实图片社交工具，非常符合“90 后”的风格。

很多人说伏英娜的心理年龄是“90 后”，她说不对，不是“90 后”，因为“90 后”也会老，她的心理年龄永远是 20 岁。而且，从外表看，女侠亦是童颜如旧，侠风不减。

◎做自己喜欢的事，是永葆青春的秘方

乔布斯的书处处在说，要找到做什么事，你充满兴趣，很有动力。找到这件事，把所有的优势都发挥出来，你就能成功。作为“乔帮主”的忠实粉丝，伏英娜在创业过程中，非常注重扬长避短。她认为，一定要找到《从优秀到卓越》中提到的三环的交集（兴趣、能力和赚钱三环）。中国的教育总让我们把短板补齐，这是很致命的。伏英娜强调，学会把优势发挥到极致，就足够了。不擅长的领域，可以找人来帮忙，这才是一个团队。例如，女侠不擅长也不喜欢注册公司、财务、人事等工作，36 氪孵化器就在这方面提供了很多支持，并提供了免费的场地等。现在的孵化环境比 2004 年好多了，创业者都能够很专注地做好自己的长项。

在美国，为兴趣和梦想创业的人有很多。而中国的大环境，使很多人做事的目标无外乎权、利、名、色。伏英娜认为，如果只追求这 4 项，那永远不会有很高的成就。例如，以赚钱为目的的创业者，当有别的选择，如年薪非常高时，他们就会放弃，因为这样可以更快实现他的目标。

不同的是，伏英娜有着很感性的一面，她追求的是自身成就感，而非权、利、名、色。她从来不会和别人或别的创业公司比，只和自己比。2015 年是不是超越了 2014 年，是不是离自己想要达到的目标更近了?

诚如迈吉客的投资人所说：伏英娜在做的，是兴趣所向、能力所及、幸福所至的事。符合了这三点，本身不就已经成功了吗?

◎“横而不流”的侠女风

伏英娜“谈到钱会脸红”，所以不想做 sales。她说话、做事都很简

单直接，以前团队的人费尽心思猜她有什么言外之意，殊不知其实她直接纯粹。“我是一个喜怒形于色的人”，这在职场应当非常罕见吧。

在中国，很多人都戴着面具生活，但伏英娜不戴，她活着是为了自己，从不在意别人怎么看。她从小就是这样，自信、直接、不解释。当然，也有人利用她的这些“弱点”，但她发现问题后立即处理，然后继续一如既往地真诚直接。

伏英娜是幸运的。也许是因为技术好，她得以保持先天个性并活得成功潇洒。她也是乐观的，因为乐观，所以更幸运。对那些说她不合群的人，她的回答很简单：so what？

多少年来，不管世界怎样浮躁，她都保持着自己的风格，恪守着高中时自己立的座右铭：“苏世独立，横而不流。”她让我们发现生活的另一种可能，让我们相信，不是所有人，都会在社会大染缸里变色。

现在创业了，创业的好处之一就是可以保持自己的风格。公司核心团队也很认同她的价值观。伏英娜正在塑造公司文化。她希望打造一个优势互补、多样性的团队，希望找到的人都是正直的合适的人。这并不容易，幸运的是，自己带过很多团队，大家很信任她，很多精英纷纷加入。

当然，以公司现有的实力，很多优秀的人才还“挖不起”。伏英娜希望更快地把哈图做起来，这样就可以找到更优秀的人。像雷军一样，在创业初期，就能有一个高起点。

◎ 所有的困难，都是玩游戏时要闯的关

当记者问她在创业中遇到过什么困难，伏英娜说，困难很少。因为自己带过很多人，所以招人比较容易，融资也比较容易，两轮融资都很快拿到了，还是挑选与自己有“化学反应”的投资人。

难道上天真的如此眷顾伏英娜，不给她设置一点儿障碍吗？

当然不是。仔细追问才发现，其实成长和创业过程中困难很多，但在伏英娜看来都不是困难，而是经历。女侠说这些经历越早发生越好，就像一个 bug（漏洞），越早发现，越早解决越好。所有的困难，她都能以玩游戏的心态，一关关地闯过去，迅速通关。

伏英娜非常喜欢比尔·盖茨的那句：I will always be an optimist。（我会永远做一个乐观主义者。）即使被伤害，她也觉得这只是一种经历，并不代表所有人都是坏人。她始终相信人性本善，始终选择100%地信任人。

终于明白，当你戴上“乐观”的玫瑰色眼镜，周围的一切，都是玫瑰色的。

◎ 公司就是我的 baby

最后，还是问到了那个只会问女性创业者的问题：女性创业和男性创业有什么不同？

“职场无性别”，伏英娜立即回答。女性创业优势很明显，更感性。而她，非常好地平衡了感性和理性，这是很多男性创业者做不到的。尽管最高层的大老板几乎没有女性，尽管有些投资人歧视女性创业者，但她并不受影响。因为，“如果我选定了一个方向，我会坚持下去的。这件事情能满足我的全部需要，我没有精力去考虑其他事情”。

世俗的标准，从来就约束不了特立独行的她。“现在做的事业，能满足你的全部需要吗？”“是的，我的公司就是我的 baby。”伏英娜回

答。为了这个品牌，她不惜一切。本身并不喜欢抛头露面，但为了迈吉客，她愿意以个人身份去做各种宣传。创业必须有强健的身体，所以她做瑜伽、滑雪，坚持锻炼。白天要处理的事情太多，所以她晚上思考，并选了猫头鹰作为公司 Logo。

伏英娜善于思考和总结，做任何事总是力求找到最有效的路径。例如，她就用自己总结的方法，一天内教会了助理滑雪。

伏英娜还是一个游遍半个地球的旅行家，她喜欢伦敦和巴黎，她永远用乐观的眼睛去发现每个地方独特的美。她喜欢去没去过的地方，喜欢探索未知的领域，喜欢出发，喜欢让真实的自己与世界相遇。

点评：独一无二是自信的源泉，而敢于差异化定位，就需要莫大的勇气。因为独特意味着标新立异，意味着与众不同。这往往是需要接受方方面面的挑战的。在当前的双创时代，女侠伏英娜的故事值得我们推崇。

15 姜斐祚：把科技玩起来

世界就是你笔下的样子。

“创造和分享的乐趣，作为一个观众，你是永远体会不到的，如果你想知道那种感觉的滋味。Now，it’s your show time!”

鸦鸦3D打印笔的负责人姜斐祚，一位拥有奇思妙想，并能快速付诸行动的创客少年，一名“90后”，一个不走寻常路、敢作敢当的追梦人。他不仅自己尽情享受着创造的乐趣，还通过一支神奇的3D打印笔，让每个人都能“在空中画画”，让心中的美好立刻“站”在你面前。

鸦鸦3D打印笔，是一支打破传统绘画方法论的神器，是一支能在最短的时间内让人体验到3D打印的快乐的笔，是世界上最便宜的超入门级3D打印机！它让你笔下的线条飞出纸张，在空气中凝固。打印笔使用的“墨水”，是市面上常见的ABS塑料线材，操作起来相当简单，完全不依赖任何电脑或者软件，只要插上电源，就可以在几分钟后开始画任何你想要的东西。

“神器”的发明者姜斐祚，从小就喜欢捣鼓玩具，长大了喜欢钻研科技小发明，一直有着科技梦、创客梦。高中毕业后就读于澳大利亚Monash大学，曾两次转学换过三个专业。2011年底辍学回国创业。由于父亲是做工厂的，所以姜斐祚很早便开始接触创新硬件，并主要以3D打印机为主，最早还和团队做过路由器的项目。2012年，他做出Alivemaker Wi-Fi 3D打印机和鸦鸦3D打印笔，成为中国第一支3D打印笔发明人，并创办了鸦鸦3D打印。

目前，鸦鸦3D打印笔在海外很畅销，一个月外贸能卖几千支，现在已卖出了几万支。“很多公司都是贴钱赚明天的钱，我就只能赚今天的钱，今天少花钱，多赚钱。鸦鸦产品在初期，对我们来说生存还是比较重要的，但我现在给我爸买辆好车没问题了。而且可以和创客们一起玩转科技，享受创造的乐趣，我觉得很幸福!”

◎ 听从心声

2010年，姜斐祚飞往墨尔本上大学，读网络安全专业。但没过多久，他就转学心理学。和很多年轻人一样，姜斐祚也在不断探索着自己的兴趣和方向。他根据兴趣选择课程，并且很注重积累社会经验。他去医院做过实习，还利用业余时间去寿司店打工。与很多花钱如流水的“富二代”不同，姜斐祚在澳大利亚的日子过得并不悠闲。他觉得自己长大了，不想再给父母带来负担。在寿司店工作期间，他勤勤恳恳，在其他学生请假准备考试时，他仍坚持上班。他的努力很快就获得了晋升为店长的资格。这也不失为一种赚钱的方法，但是，这真的就是自己想要的吗?

正在他迷茫纠结的时候，某天心理学课上，老师说：“你们如果发现自己喜欢做的事，就立即行动吧！”“Follow your heart（听从你的心声）”“Just do it（行动吧）”，这些话语醍醐灌顶，让姜斐祚一下子有了一种“拨开云雾见晴天”的感觉。他突然想到了自己热爱的科技梦、创客梦。是啊，受工程师父亲的影响，自己从小就喜欢拆东西，捣鼓各种小玩意，长大了也追着看各种科技展，为什么不听从自己的心声，立即去做自己喜欢的事情呢？他觉得，在国外花这么多钱读书，回国后也许好多年都赚不回当时的学费，还不如回去自己做事，还可以帮助父亲。就这样，这位年轻人果断地做了一个惊人的决定——他要休学回国创业，追寻自己的创客梦！

姜斐祚预料到了家人和朋友的震惊和反对，但是，他的决心很坚定，他的心现在知道自己要什么。2011 年底，他踏上了从墨尔本回国的航班，带着朋友们深深的祝福和隐隐的担忧，毅然走上了休学回国创业的道路。

◎ 中国第一支 3D 打印笔

刚回国时，一切都很艰难。姜斐祚辍学回来，没有学历，很难找到其他方面的支持。当时他还曾靠翻译书赚钱，忙得要死，千字才三四十元。但与此同时，他已经开始着手实践梦想了！

姜斐祚在很短的时间内组建了一个小型的创客团队，只有 5 个人，但在当时的他看来，“那是配置最健全的一个团队了”。5 人各司其职，分别负责底层软件、硬件、外观设计、上层软件和市场。他们最早做的是路由器，但不仅仅是路由器，而是在路由器内部集成了高清视频的无线传输以及私有云存储的“超级路由器”。不过，后来因为团队分歧，还不到半年，那款路由器便死在了量产的前一步。

姜斐祚对团队人员的离开感到有些内疚，他经常反思，“是不是我对他不够好？”但这也是他创业过程中必须接受的磨炼。

姜斐祚很快振作起来，和设计师一起开始做3D打印机，希望能在国内做出3D打印机并推广。因为当时3D打印机在国内还是非常罕见的，各方面条件有限，他们只能自己摸索，研究了一个多星期，第一台3D打印机独角兽终于问世。

后来，有些3D打印的爱好者也加入进来。但他们只是喜欢用3D打印机打印些东西，对组装和开发3D打印机没兴趣。在使用过程中，他们经常抱怨3D打印机组装费时费力、运输不方便、调试机器麻烦等。客户的需求就是设计者努力的方向。姜斐祚和设计师们很细心地把这些抱怨记在心里，并决心从最简便的傻瓜机开始做。

机会是留给有准备的人的。细心的观察让姜斐祚从一次偶然的小事中获得了灵感。这样，最傻瓜的3D打印机——鸦鸦3D打印笔诞生了。

有一次，他们看到注塑厂的师傅用一根铜棒清理注塑机的料枪，觉得拿铜棒在料枪的枪头处卷废塑料就像缠棉花糖一样，很好玩。于是，他们回来后便拿了一个3D打印机的挤出头，不停地挤料来缠着玩。咦，这不也是一种3D打印吗？而且是极其方便快速的打印！为什么不把它变成一种便携的打印笔呢？有了灵感后要迅速抓住并付诸实践，于是大家开始寻找各种零配件，进行多方调适。在不懈努力下，这个可以拿在手上、直接模仿人工3D打印机的小玩意儿就被这些创客们创造出来了！

研发和生产的过程充满艰辛。为了安全，加热的部分他们采用的是陶瓷加热片。通过计算，他们决定把一片陶瓷掰成八片来用，每片只有指甲那么大，因为掰开后的尺寸组织和电流是最匹配的。当时真的是用手掰，因为那时工厂不会同意做这么小的，虽然现在可以做了。一开始只能自己掰，挺凄惨的，越小的越难掰。他们就这样靠手掰，做了100支打印笔，并且一个多星期就卖完了。

“3D 打印笔，的确是我们非常引以为豪的作品。”姜斐祚说。他很感激那几位陪着他手掰陶瓷片的资深创客，正是因为大家的努力，才有了鸦鸦 3D 的今天。鸦鸦 3D 的价值并不仅仅是这支 3D 打印笔，而是创意，是富含在团队所有成员身上的那种精神。

◎ **创客到创业**

姜斐祚是创客，也是创业者。由自己创造东西玩，到做产品，这个过程很难。最初产品量小，几乎没有工厂愿意帮助生产。

幸运的是，姜斐祚父亲的工厂基本所有注塑的零件都可以做。父亲也非常鼓励他做产品。“爸爸的工厂是我唯一的资源。”父亲在零件生产、供应链等方面都给予了他很大的支持。当然，现在姜斐祚的公司也成了父亲工厂的重要客户。

2013 年成立公司后，姜斐祚的生活变得更加繁忙和充实起来。“天天熬夜，熬得都恶心了……这种节奏绝对是拿命换钱啊!”拼命赚钱，希望能给家里交一份好点儿的成绩单，其实那段时间很痛苦，但他知道，这是他自己的选择。

作为创业者的姜斐祚，身兼数职。虽然自己更倾向于专注产品本身，但推广、社交、运输、产业链等方面都要考虑到。姜斐祚还是公司唯一的产品经理。他带领团队充分利用网络自媒体进行宣传，做免费试用活动，还拍摄了视频，请学播音主持的弟弟帮忙配音。姜斐祚觉得自己在推广方面做得还远远不够，他们团队的销售能力也不是很强，所以，他们更多的是靠自己的嗅觉，靠创客的敏锐和创新来寻找蓝海。

去年一年，姜斐祚上半年主要是做产品，下半年则主要是卖货。因为下半年电商渠道购物节比较多，3D 打印笔的礼品属性在购物节中就有所凸显，大部分人都是买来送给 geek 作为礼物的。

和国外类似的 3D 打印笔相比，鸦鸦 3D 打印笔在价格上有很大的优势，因为他们用的元件是一个设备上的、工业级的东西，整套方案才10元钱，更容易产品化。

作为创业者，姜斐祚会在各方面考虑成本控制。例如，对花费巨大的国际展会，他们就会鼓动当地的代理商去参加，再送一些打印笔作为补偿金。这样就可以省下昂贵的参展费和参展人员的机票钱等。再如，他们会在深圳找一些合作伙伴公司，而不是在深圳设点。他们也很少做外包，因为外包公司很贵，而且基本上都是转包。他更相信自己的团队，做得更好，成本更低。

一直单打独斗的鸦鸦打印因为一次大会找到了组织。2013 年，央视做了一个 3D 打印大会，会后创客空间的创始人过来找姜斐祚，因为他认为鸦鸦 3D 打印笔的表现力很强，而且不同于其他的 3D 打印机，这个笔的打印速度很快。后来姜斐祚就经常来创客空间，发现和这么多创客在一起很好玩。创客空间里面的企业都非常有特色，能加入创客空间这个大家庭，姜斐祚感觉很幸运。“你要是自己玩的话可能也坚持不了多久，因为很孤独，你玩得好坏没人理你。”

在创客空间，大家不仅可以资源共享，还可以互相切磋、互相交流。孵化器带来很多资源，让姜斐祚认识了很多人，有设计师，有开发人员，有供应链上的，也有做推广和做平台的、媒体，等等。这些人脉对鸦鸦的发展起到了很大的推动作用。虽然鸦鸦的团队主要还在山东，但他们在北京设有一个点，有兼职的团队。当创客空间有重要活动时，姜斐祚都会来参加。他经常来北京，甚至还在央美做讲师。

公司初具规模，但姜斐祚并不急于从投资人那里拿钱。“你现在给我钱我也不知道做什么。”“钱是一个副产品，整个创业路上你肯定是要赚钱的，但大家投资还不如自己赚钱来得合适，我就是希望把产品做得好一些，把事做好，不以钱为目的。”

◎ 创业路上的小灰暗点

“90 后”的姜斐祚，虽然擅长技术又善于抓住机会，但公司经营、人情世故等方面还有很多要学。创业路上的小灰暗点，也是迫使他加速成长的点。

姜斐祚是公司名义上的老大，但早期自己花很多时间在外面奔波，和自己很要好的一个创业小伙伴儿却一直跟工人们在一起。后来工人们只认这位伙伴，完全不了解姜斐祚在外面奔波的辛苦。“一山不容二虎”，这种局面的出现让姜斐祚处于很尴尬的位置。最终那个小伙子走的时候，姜斐祚给了他十几万。这个教训让姜斐祚在今后更加认真地考虑与合伙人的关系，找到更适合的合伙人。

姜斐祚觉得，自己人生中的另一败笔，是“处处都是马后炮”。他想做智能冰桶，却发现 Kick Start 上已有智能冰桶项目，Coolest 上线差不多两周，就融资大概 400 万美元。这也许和老外的生活习惯有关。因为他们出门野餐喜欢带着冰桶和冰镇饮料。姜斐祚觉得，自己做 3D 打印笔被 3Doodler 抢先一步，做屏幕被 HDMIPI 抢先一脚，做智能冰桶又被 Coolest 抢得先机。“我瞬间觉得整个人生都不好了。”

当然，总被别人抢先的姜斐祚，其实是中国第一支 3D 打印笔的发明者。只是通过这些教训，他更加注意随时发现需求，抢占先机。例如，爱玩的姜斐祚发现，帮孩子打玩具是一个很大的市场。因为即使卖给孩子们打印机，他们也不一定会用。但如果帮孩子们打玩具，如积木，设计好原型积木，只需按几个键，就可以自己把积木打出来，这是很有市场的。迅速满足人们的真实需求最重要，而不在于你打的东西是否高端。

鸦鸦 3D 打印笔第二代已经诞生，它将给喜欢创造的人们带来更多惊喜，帮助更多的人，用笔画出自己的世界。

未来，姜斐祚想把渠道都交给京东这样的大电商去做，而他们的团队就好好做内容，如模板、模型、视频、微电影等更有创意的事情。“3Doodler 的片子很有美感很棒，我也想做这样的片子。”他相信，会有更多的人参与到 3D 打印中来，也知道，辍学回来“just do it”，是对的，因为自己的创客梦想正在一步步实现。

“不管结果如何，我和我的伙伴们会始终保持着一颗创客之心来做事，不管是产品、营销、推广或者其他事情，我们都不想走前人走过的路。创客，关键在于把科技玩起来。”

点评：敢为天下先，以一颗创客之心享受科技，姜斐祚，作为第一个 3D 打印笔发明者，敢于闯出一条创新的路，但更难能可贵的是，他虽面临合伙人变故、被人抢占先机、辍学等尴尬问题，但及时调整，逐步实践梦想。这大概也是创业的乐趣吧！

16 袁大伟：未来的魅力

我真正想要的是改变未来。

近年来，创业如火如荼。无数青年才俊、有志之士投入了创业的大潮，憧憬着成为下一个京东、聚美、阿里巴巴……可实际上，创业并没有看起来那么容易，成功的概率非常小。据不完全统计，中国有将近6000万家企业，其中上市公司不到3000家。如果以上市作为衡量企业成功的标准，那么成功率可能是万分之一，甚至是十万分之一。如果以市场占有率来衡量，这个概率会更小。它的常态是创始人在长达几年甚至十几年的时候要为公司的房租、贷款、员工工资而负重。

为什么还是义无反顾地选择创业这条路呢？对于这一问题，每一个创业者都有着自己独特的答案。有的人是因为发现了一个发财的机会，有的人喜欢自己当家做主，有的人纯粹是因为手里有点闲钱，而有的人只想做出一番自己的事业……这一次的主角，奥德莱（AOD）3D打印的创始人袁大伟给出了他的答案："我真正想要的是改变未来。"

袁大伟，"80后"，清华大学建筑系硕士毕业生，奥德莱（AOD）3D打印公司创始人兼CEO。毕业后，他曾到北京市建筑设计研究院工作，成为一名建筑设计师。丰厚的薪水、体面的工作、良好的环境和发展平台，这样一份建筑系人梦寐以求的工作，却在一年后，被他弃之不顾。究其原因，袁大伟的回答是，创业会给他带来更多的可能性和创造性。他说，在设计院里，我能知道明天要画什么图，而创业不知道明天要打什么“怪兽”。“一个工程师，他可能服务的只是一个业主，或者是一座城市；而一个优秀的科技产品可服务的人群更广，所以当时就想改变一下人生的方向。”或许对于袁大伟来说，一成不变的设计院工作实在难以满足他探索未知的欲望，创业反而是一种回归。

选择3D打印作为创业项目，纯粹是因为一次机缘。袁大伟在建筑设计研究所工作的时候，单位购买了国外的3D打印机，那是他第一次接触到3D打印机。“当时觉得很神奇，很高科技，它改变了原有的生产方式，一定会是未来技术发展的一大趋势。”就是这一次接触，在袁大伟的心里埋下了创业的种子。思索着3D打印对人们的工作生活的诸多好处以及3D打印的未来，他兴奋得一夜未眠，随后不久，他便瞒着家人辞职，开始张罗着招兵买马，组建团队。

◎ 苦乐相伴，砥砺前行

选择3D打印之后，真正的创业之程却异常艰辛。谈及创业之初的难处，袁大伟说，最难的地方就是创业的艰苦超出了想象。我们经常开玩笑说的一句话就是：“如果当初知道这么艰苦，是万万不敢选择这条路的。”第一款产品Artist从研发到发布用了整整8个月的时间，大家天天和机器打交道，也没有宣传的机会。饿了就去清华食堂吃一顿，回来继续摸索，困了就在桌子上趴一会儿，每天都得工作到凌晨。而做研发又像是一个无底洞，问题重重，烧钱不断。我们既没有做预算，更没有预算的概念，所以常常是缺钱了就去借，向同学借、向朋友借、向老师借，甚至去借高利贷，最后总算逼出了一台机器。

正是这样一次次的历练和打磨，袁大伟和他的团队不断成长，不仅解决了传统3D打印机的精准问题，还首创性地开发了3D打印机的智能操作系统，填补了国内 3D 打印的一个技术空白。“创业会遇到很多问题，没创过业的人完全想象不到。但正是在不断地解决这些问题的过程中，我们得到了成长。我感到很快乐，也很幸福。这种快乐也是在别处体会不到的。”

从 2013 年 4 月注册成立奥德莱公司，到 12 月首次召开 Artist 产品发布会，正式面向市场，袁大伟与他的合作伙伴在创业路上一路狂奔。截至目前，其公司已研发并生产了 5 个系列的 10 余款机型，应用于教育、艺术、医疗等多个领域，申请了近 30 项国家专利。尽管技术背后的打磨是难以想象的，从最初的设计构想到现在的成品，袁大伟能想得起来的修改就有 30 余次。中间为了攻克设计难题，他们甚至通过各方渠道联系到了“嫦娥卫星”的研究人员为他们解决技术上的难题，但整个团队却依然苦乐相伴，砥砺前行。

不同于单独卖硬件的 3D 打印公司，现在奥德莱已经完全实现了自产自销，从设计到生产到销售一条龙，并有了自己的教育体系，成为全方位发展的综合体。奥德莱光环众多，荣获国家科技部中小企业创新基金、“中国 3D 打印机最具发展潜力企业”、新华都商学院创业大赛 100 万元奖金等多项荣誉，一年时间完成三轮融资，公司估值千万美元级别。

而似乎最让人津津乐道的，却是那个凭借微信众筹百万的神话。

2014 年 3 月 16 日晚上 9 点，袁大伟在校友微信群发布一条消息，宣布进行众筹。消息一经发出，立即引起了热烈反响，3 小时内认购金额达到 120 万元，一天之内认购金额突破 500 万元，创造了国内众筹多项纪录。“这个结果有点出乎我们的意料，做众筹其实是一个突然的念头。”袁大伟坦言，“我们创业以来，得到了很多前辈和老师的支持和帮助，就想拿出一些股份，以众筹的形式来感谢回馈他们。取得这样的成绩也说明大家都看好 3D 打印的未来。我们会继续努力不辜负老师和学长们的期望。”

众筹虽然是突然的念头，但众筹百万的结果并非偶然，其背后有着袁大伟长期的积累。身为设计师的他，低调、谦虚、沉稳、不张扬，但骨子里有一股劲，有着让人信服的人格魅力和极强的资源整合能力。

作为最早入孵的企业，奥德莱获得了来自清华 X－lab 的很多帮助。例如，提供各方面的社会信息，如一些比赛信息，提供参观和与投资人接触的机会等，X－lab 也介绍了很多清华校友，然后通过清华的人脉圈互相介绍。有了最初的人脉，奥德莱的业务才一点点展开。现在，袁大伟的创业进程已经进入了相对稳定的阶段。他还会时不时回 X－lab 转转。每次去，他都会看看大厅里的乔布斯画像，汲取力量。“乔布斯真的很伟大，创造了如此完美的产品，这种精神值得我去追随。”袁大伟说，“我也要创造一家像苹果公司一样伟大的 3D 打印公司。”他说话时语气坚定，掷地有声。

◎“我真正想要的是改变未来”

“老大平常是个特别随和的人，对技术有极致的追求。但是别看他那么温和，其实他比任何人都喜欢冒险，而且总有一种心中有数的感觉。”AOD 员工对于袁大伟的评价，道出了这位年轻 CEO 骨子里的精神。

在 2014 年 12 月第 2 届中国产业改革发展年会上，袁大伟谈到了自己对 3D 打印未来的构想。

“3D 打印，起码在未来 10 年内，是一个辅助型的技术，是帮传统企业和企业家把原来的行业变得更好。”以医疗为例，医疗和 3D 打印结合，可以带来很大的颠覆。目前，AOD 公司与协和医院、北医三院等国内骨科顶级医院正在进行相关的课题研究。以往脊柱侧弯，要做矫正支架，都要个性化订制，但资源却并不均衡，都要到协和看。而现在，如果每个医院都有医疗的扫描仪，加上 CT 模型数据，地方的一个患者，在地方直接通过扫描将信息传到北京，北京的专家给出一个诊断方案，然后通过 AOD 公司的软件算法，算出最适合的人体矫正支架，把支架在当地做出来，便可以省时、高效地解决患者的需求。

3D 打印对文创领域的影响将会更大。很多有才华的设计师，多年的设计理念，必须要中标，必须要创造出真正的产品，他们才能生活，如果都要大批量生产，明显是不现实的。而有了 3D 打印，可以提前变现，在产品设计师刚刚有创意，还没有生产之前，已经有人愿意付费了，这对整个文创领域的辅助和改革是非常巨大的。

教育领域的改革是袁大伟最为期待的。袁大伟的团队希望能做一些对国家有帮助的事情，推动历史的车轮，往前更迈进一步。在不久的将来，如果小学、初中、高中都普及了 3D 打印教育，等这一代成长起来，我们的国民素质肯定会前进一大步，就像电脑的普及一样，对未来会有颠覆性的变革。

◎ 3D 打印行业的未来

10 年前，阿里巴巴创始人马云到美国想募集几百万美元，困难重重；而今天，阿里巴巴敲响了在纽交所的钟声，想必也敲醒了所有曾经不相信互联网、不相信阿里巴巴的人。袁大伟坚信，“3D 打印行业的未来会像今天的互联网一样”。“工业 4.0 的概念已经在提了，而现在只是在提智能化生产去链接。将来肯定会有互联网和工业 4.0 更深度的结合，结合到 3D 打印上。对此，我们也会起一个概念，工业 5.0——每个家庭都是一个微型的工厂。有了这个概念，工业的结构和物流的结构都会相应调整。”

“中国 3D 打印行业不应该比互联网弱，它只是刚刚开始。”这是所有奥德莱人的共同信念。虽然现在大家都在摸着石头往前走，但不断尝试的过程，本身就是在推动历史车轮的前进。

也许，生活最大的魅力，在于永远的未知。当你改变心态，以“打怪”的心态来创业，随时准备好面对不知道何时以怎样的方式出现的怪兽，那么，就不会被极低的创业成功率吓倒，而是在享受游戏的过程中不断升级。

“青春就是用来创造价值的”，“我真正想要的是改变未来”，创业过程中既充满了艰辛，又有着无限可能。魅力未来，让我们拭目以待。

点评：袁大伟拥有看似遥不可及的雄心壮志，正是这份雄心壮志让他大胆地尝试创业。曾是一名建筑设计师的他，设计或许是一种激发的元素，而3D打印让这种元素不再“高不可攀”，让“工业”这个名词也不再陌生。

17 王世栋、张建：青春由我创

别人没有，我们为什么不自己做一台呢？

3D 打印，早已不再是高深玄幻、遥不可及的高科技概念，它正在走进人们的日常生活。有人说，3D 打印的未来就像今天的互联网一样。紫晶立方的创始人兼 CEO 王世栋也相信，在未来 2～3 年，3D 打印就会走进普通人的家庭。

王世栋，清华大学汽车工程系在读研究生，好钻研，喜设计。本科期间就曾在全国机械设计大赛获得二等奖，本科毕业时就独立完成了基于 32 位单片机的缸压闭环燃烧控制系统。研究生阶段，王世栋基于开源机型开发出第一代桌面级 3D 打印机，并进行了多项改进。改进机型的打印质量达到了 FDM 型 3D 打印机的顶尖水平。

2014 年 3 月，一直怀揣创业梦想的王世栋和师弟张建（清华大学核科学与技术专业在读博士）等人一起创办了北京紫晶立方科技有限公司，主攻桌面级 3D 打印机，为教育应用、家庭应用、艺术设计、快速原型开发等领域提供3D打印技术解决方案。

紫晶立方团队由清华大学博士、硕士、学士组成，其中众多成员都具有海外求学经历。他们不仅有极强的技术，还善于将国外先进科技、工业管理理念与自身的经营特点相结合。

“公司已申请9项专利和1项软件著作权，其中8项专利已受理。”凭借先进的技术和低廉的价格，紫晶立方团队在“全国创业大赛”等比赛中多次斩获金奖。公司成立6个月，已成功销售3D打印机600余台，其中20%远销海外。淘宝网上销量始终保持前三，全是好评。Facebook创始人扎克伯格收到紫晶立方的礼物——“私人订制的扎克伯格3D打印头像”时，赞不绝口，对紫晶立方以几百美元的价格制作出匹敌欧美数千美元级别的3D打印机表示惊叹。清华X-lab孵化器、启迪孵化器和学校都给予了他们很大的支持。投资机构也被紫晶立方的出色表现所吸引，首个200万元风险投资已经到位。

作为大学生创业典型，紫晶立方团队目前已推出了2款3D打印机产品，打印质量在行业内堪称一流，并在研发第四代打印机和向3D打印平台转型。王世栋表示，紫晶立方力争在3~5年内，创立可与国际巨头抗衡的民族3D打印企业，物化每个人的3D创想。

◎ 买不起，就自己做一台

王世栋对3D打印的兴趣始于2012年。当时，王世栋在德国交流，在一次展会上，他看到了工业级的3D打印机。当时他想，既然这些打印机完全能满足工业上的需求，如果在文化创意产业推广3D打印，会怎样呢？应该也很有市场吧？回来后他立即查阅大量资料，对3D打印有了更多的了解。

自己做3D打印机，最直接的刺激，是一件“小事”。当时他们研究新能源汽车，需要打印零部件，于是到处找3D打印机，却发现好的太贵，买不起，而便宜的根本打印不了。后来想找个能3D打印的地方，把他们需要的零部件打印出来就行，却发现这样的地方也没有。

办法总比困难多，别人没有，我们为什么不自己做一台呢？

其实，3D打印机与汽车本质上类似，都是集成产品，具有机械运动、机械结构、电子控制等共同点。强大的工科大脑开始迅速运转起来，他们平时积累的软件设计、硬件设计等知识都派上了用场。王世栋和同伴们用一周时间就画出了“技术路线图”，包括需要哪些零件、使用什么样的控制器和打印机械结构等。他们选择了熔融沉积式打印技术，并从网上采购所需零件。很快，一台3D打印机装配成功！

这台机器用半小时打印出了一只5厘米大小的章鱼模型，虽然打印温度和速度并不稳定，但成果足以让他们欣喜。

和同伴们一起组装的打印机，成本很低，一般家庭都可以承受。那为什么不尝试去淘宝上销售一下呢？很多机遇就是在“尝试一下”中抓到的。出乎意料，刚挂到淘宝上一晚的3D打印机，就被一位在北京的南美留学生以3000元的价格买走了！扣除成本，兄弟们经过一个多星期的奋战赚了几百元！

这几百元，让他们感觉比捡到金元宝还开心，这开心源于他们的付出得到了认可，源于他们看到了平民3D打印机的市场……

早就有创业想法的王世栋心潮澎湃，他和几个要好的师兄弟们几经商量，确立了创业目标：开发质优价廉的3D打印机，使其走进千家万户。

◎ 鱼与熊掌兼得，学业创业不纠结

有了明确可行的创业目标，是不是就要在兴奋中马上辍学，仿效“乔帮主”、比尔·盖茨等人呢？王世栋和张建等人的选择是冷静的。清华大学是多少学子的梦啊！而且，并不是所有创业者都能成为比尔·

盖茨。最重要的是，学业和创业就一定不可兼得吗？他们决定挑战一下：鱼，我所欲也；熊掌，亦我所欲也，二者可以兼得，只要吾辈更努力也！

于是，他们偷偷利用课余时间搞研究。很快，第二代、第三代产品就研发出来了。打印机的关键组件他们都严格把控质量关，在原来的基础上不断改进。机器性能越发稳定，喷头从0.4毫米的精准度到0.1毫米的打印精度。小模具、工艺品、盘子、花瓶都能在短时间内精准完成。

他们研发的质优价廉的3D打印机申请了很多专利。有了自己的核心技术，加上很多营销点，产品在淘宝上销量很快达到了前三名，好评不断。

企业受到很多媒体的关注，创业团队也越来越忙碌。由学校内的锻炼到真正成立公司，由学生的创业实践转变为创业者，王世栋和张建等人都经受着各方面的考验，能花在学业上的时间越来越少。

于是，他们和导师进行了深入沟通。王世栋和张建等人都感觉很幸运，因为他们的导师都非常开明，只要求他们做和自己课题相关的事情，以腾出更多时间创业。

当记者问张建清华的学业重要还是创业重要时，他表示都非常重要。记者问如果必须二选一呢？他立刻显得很纠结，久久不肯做出选择。最后，他说很庆幸自己不用做这样的选择，很感谢导师的支持。

让一个人在自己挚爱的两样事物中做出选择，真的很残忍。还好，生活不总是单选题，也可以是多选题、连线题、综合题、创新题。在王世栋和张建等人看来，他们有无穷的选择，青春任我创！

青春自信的王世栋和张建是有智慧和勇气的，同时，他们也很幸运。做3D打印机亏钱倒闭的很多，紫晶立方之所以能生存下来并盈利，靠的不仅仅是他们个人的努力。紫晶立方在创业之初一穷二白的时候就进入了清华大学 X - lab 孵化器。X - lab 免费为他们提供了 10 平方米的办公室。这对初创企业是莫大的帮助。同时，在这里，他们有机会和众多学生创业团体互相学习、互相鼓励。X - lab 免费提供的工商、税务、管理等公司基础知识培训讲座，都对这些本不懂经营的学生创业者有很大帮助。更重要的是，在这里，他们有机会结识了后来的投资人。

当一个人真心想做好一件事情时，全世界都会帮你。现在，国家政策更好了，大学生可以休学创业，推迟毕业时间。更多怀揣梦想的大学生，不用再做单选题了。越努力，越幸运，当努力撞上幸运，鱼和熊掌亦可兼得！

◎ 不打价格战，转型做服务平台

起初，价格优势对销量很有帮助，但后来淘宝上出现了更便宜的 3D 打印机，紫晶立方的销量略有下降。王世栋团队敏锐地判断：3D 打印机的价格会越来越低，这样的价格战打下去，盈利空间会越来越小，而且质量难以保证。

他们发现，实际上，很多人并不想自己买一台 3D 打印机，因为他们只是偶尔需要打印 3D 作品，量不大，或者设计要求很复杂，需求各不相同，但目前提供这样的 3D 打印服务的机构还很少。谁说做 3D 打印就只能卖打印机？于是，紫晶立方团队迅速做出决定：逐渐向 3D 打印服务转型，做服务平台。

这需要研发出更高端、功能更强的 3D 打印机，以满足不同客户的需求。当然也需要更大的资金投入，这时启迪孵化器的投资无疑是雪中送炭。启迪不但投入资金还给团队带来了很多商业资源、合作伙伴、教育教学的课程等。清华 X - lab 和启迪孵化器之间一脉相承的帮助，让紫晶立方走得又稳又快。

跟中粮合作3D打印巧克力项目马上要开始实施了，以后孩子们爱吃的巧克力，形状会是喜羊羊还是灰太狼？情人节收到的巧克力又会是怎样的“别具爱心”？更多的合作，更多的创意，3D打印带给了我们无限的畅想和可能。

在这些创意项目的背后，是王世栋和张建等人整天整晚的思索。国内做3D打印的越来越多，我们怎样才能跑得更快？4个创始人都是技术出身，这奠定了整个公司极强的技术优势。张建说，未来他们还会非常专注于技术，因为只有有了核心技术，才有说话的资本。但头脑灵活的清华才子们很清楚，没有技术是不行的，只有技术是不够的，要保证公司的长远发展，他们就要快速进行技术拓展，让更多人不用买3D打印机，也可以轻松拥有自己的作品，打造一个真正的3D打印平台。

“平台”二字，说易行难。目前，公司已经着手开发装有LED显示屏的第四代3D打印机，并从产品与渠道两方面进行积极的准备。开始了教育版3D打印机及配套教材的设计，与一些教育企业签订了长期战略合作协议。2014年，紫晶立方和南极熊签订了《中小学3D打印科技教育战略合作协议》，希望为现代的中小学带去好玩、潮流又可以帮助理解物理、化学、数学里面的各种概念和知识点的科技元素。紫晶立方会充分发挥在硬件研发上的优势，开发设计与3D打印机配套的远程打印套件，建立以创客为核心的生态圈等，为长期竞争做好准备。

从第一天在淘宝店卖打印机起，紫晶立方就坚持“对顾客负责任，对自己负责任”的态度。发出去的机器，不管已经过了几个月，如果出现问题，团队都会帮忙处理，直到顾客满意为止。“任凭时间流逝，我们一直在顾客身边。”这与淘宝上许多后期神龙见首不见尾的卖家形成了鲜明的对比。同时，顾客还可以加入“顾客群”，随时互相沟通信息，与卖家保持联系。在有新产品时，紫晶立方会邀请早期的核心顾客来做测试。正是这些以顾客为本的做法，帮助这个年轻的团队迅速赢得了顾客的信赖。

信赖是打造平台的基础。来自清华的紫晶立方团队，秉承清华“行胜于言”的传统，正在用行动为顾客搭建一个令人放心的3D打印平台。

◎ 以感恩的心，面对不确定的未来

从开始创业，就再没有“玩”的时间了。每一代新产品的研发时间都不到一个星期，“客户有需求，我们就加班加点，那时我基本天天忙到后半夜，躺在实验室沙发上就睡着了，直到被太阳照醒，然后接着干。”王世栋说。“很多人同时负责几方面的工作，晚上想公司发展想得睡不着觉……”张建说，“有时也会怀念只做学生的简单日子。”但若让他们重新选择，他们还会选择创业。为什么？“因为就是觉得给自己打工，人生才有意义，苦也心甘。”王世栋说。

没有人会忘记，第一台机器的成功研发和销售，第一个打印出来的小章鱼模型，第一个专利的申请成功，公司拿到的1号营业执照，各方面领导的关心，媒体的大量报道……特别是国务委员王勇来公司做指导！当时谁都没想到，这么大的人物会来这么小的公司视察。这件事对公司每个人的鼓励都非常大。

张建说，现在公司还不算大，也不算成功，但一路走来，受到了各方面的帮助和支持，他们心里充满感恩。感谢学校、导师、X－lab孵化器、启迪孵化器、各方领导、合作伙伴和所有的淘宝买家！

整个团队都更加努力，他们希望帮助每个人物化自己的3D梦想，他们希望把公司做到国内同行业里的前三名，将来可以上市。当然，“上市”只是一个衡量指标。面对高科技产业的风云变幻，曾经习惯了

标准答案的优等生们，已经做好了充分准备，面对未来的“不确定性”。

创业的过程让他们看到了另外一个世界。在这个世界里，没有标准答案，一切都要靠自己去探索，前途未知，生死未卜。但他们并不害怕，反而充满感恩。王世栋和张建等人，在看书写论文见导师和出差谈合作见投资人的过程中，早就培养了两个自己，一个可以像科学家那样探寻唯一确定的真相，另一个可以像企业家那样随时调整方向。他们不确定什么一定会成功，但确定的是，这个不行，他们就会换其他项目重新挑战。

这才是青春，由我创造的青春。

点评：两位年轻人在高科技概念的创业路上不是一帆风顺的，经历了许多苦难，但是每一次苦难都是一种财富，都是一次成长。前瞻性、能够预判未来事情发展方向的眼界正是他们的法宝。

18 黄自立：沉淀之美

有条不紊的创业之路。

成都贝思达光电科技有限公司位于成都市高新区，主要从事高新技术产品开发、生产、销售与服务，以及科技成果的推广和应用，在光、机、电等方面具有较强的研究、开发和生产实力。黄自立作为贝思达的创始人，工作时间已经超过30年，在国家单位和外企分别工作了十几年。在工作中，黄自立积累了丰富的技术、产品、市场及人脉资源，然后刚好碰到一个好的机会，就出来创业了。

◎ 顺势而为的“创业之道”

黄自立之所以选择创业，主要是因为他发现当前在中国的大部分外资企业都会进行比较大的调整，这一过程中会有比较好的机会。黄自立在富士通工作时，负责管理集成电路中国区市场。富士通作为一家日企，受日本经济发展停滞影响，最近几年公司经营发展受阻，已经开始调整，主要就是把有些盈利能力较差、技术落后的产品砍掉，对公司进行重组，但实际上日本企业有很多技术确实是领先国内很多的，正是因为有这种重组的机会，黄自立才有机会寻找一下自己其他的方向。

正好在这个时候，黄自立遇到了一个好的项目，很看好项目前景和团队，就加入了创业的大军。黄自立认为年纪大的人去创业，会看各种条件去评估，创业的决定比较成熟；年轻人创业有一种冲动，或者说是冲劲，会去试验做比较新颖的东西，这其实是创业的两个方向，都有成功的可能性。

黄自立认为，在外企工作过的人会锻炼成一种习惯，“做事情可能比较实在，比较认真”，他在日企的工作经历就让他养成了“做事情认真，做什么事情都一板一眼”的习惯。这种习惯在创业的过程当中对他还是有帮助的，例如，他们现在做产品肯定要做最好的，从电路原理等的设计，一直到外观，包括包装，甚至今后客户怎么使用，怎么服务，这些方面他都会想得比较深入，每个细节都会考虑到。

◎ 三位一体的“智能眼镜”

黄自立是通信专业出身，一直从事集成电路方面的工作，目前专注于“智能眼镜”项目。智能眼镜的范围很大，前三年开始热起来，从谷歌开始推出一个智能眼镜以后，整个市场的热度一直到今年还没有减退。

谷歌推出的智能眼镜称为“增强现实”，英文简称“Eaze”。Eaze眼镜实际上是一个利用谷歌在云端上的一些内容优势，它可以联网到谷歌的网站，然后通过它的一个小反射镜，把你想要的内容投射到眼睛可以看到的地方。

另外一种应用是可以通过互联网做3D的一种社交，做一个虚拟社区，就是可以把全球各地连在一个网站上，把各地的情况进行分享，中间可能会有在应用软件上做的很多虚拟的东西，叫作“虚拟现实”。

黄自立将自己做的项目定义为“智能眼镜”。因为不管是“增强现实”，还是“虚拟现实”，都存在自身的缺陷。前者透射式眼镜的缺点是屏幕很小，因为它利用反射到眼角那部分，用眼睛去瞄的，屏幕很小清晰度就不会很高，所以佩戴者只能看一些文字或者一些简单的图片；

后者的缺点是整个头罩戴起来比较笨重，并且它的视角比较宽，可以看到110度左右，人的眼睛正常视角是45度左右就看着比较舒服，人们平时把头转来转去可能看到100度，但人们在头罩里不能转头，眼镜一戴上去，就用计算机模拟人们转头，这种情况下技术还没有进步到一定程度，人们容易觉得晕，很多人戴5分钟头就晕了。

针对上述两种缺点，黄自立做的智能眼镜有三大部分：一是微型显示器。在眼镜里装一个显示器，可以显示图像，而且是高清的。目前，全球能做微型显示器的只有几家公司。

二是微型光学系统。显示器上要有一个光学系统，就是把它放大成你眼镜一戴上去就感觉你在看60寸电视一样那么大的，就像望远镜一样，类似于这种，简单来说就是一个望远镜，实际上它的光学系统要复杂得多。而且后来他们设计的光学系统可以不用玻璃，可以用塑料来做，而且是可以调近视眼的，不同的人戴上去只要旋转旋钮调到最清晰就可以了，这方面黄自立团队已经获得多项专利。

三是控制电路。黄自立对电路很熟悉，就把电路加进去，做成显示、光学和电路一体化。黄自立想把这款“智能眼镜”做成一体化体积最小、成本最低，并且能配给任何做眼镜的东西。

◎ 便携式的“3D显示器”

黄自立现在做的眼镜，可以适应45°～110°不同的视角、不同的应用，可以做专业的模组，就是配给一个眼镜厂家，同时他们也会生产出一些整机，但是目前还没有推向民用，只做专业的应用。例如，电视台可能会做一些这种可以看视频的，电视台出去拍电视，拎一个监视器是不能看3D的，戴上智能眼镜就能把3D的效果都看出来；也可以给一些医疗设备进行配套，目前黄自立的团队正在做整机，同时他们在为眼镜厂商做配套。下一步的计划是，把产品成本做得最低，面向普通消费者，可以把眼镜变成手机或者 iPad 配件。你坐车的时候可以插一个到手机上，往眼镜上一戴，可以看屏幕很大、很舒服的视频。

黄自立想把自己的智能眼镜定位成真正所谓的 3D 显示器，而且是便携式的，头盔式或折叠式眼镜的也可以。消费者可以揣在口袋带出去，不仅能配手机，还能配别的设备。未来，黄自立还想在这款产品中加上一些内容，如消费者戴上眼镜，可能就有一段房地产商推送的广告，效果跟实际去看一样，省去消费者的时间成本和交通成本；例如装修，去居然之家买一个沙发，装修出来的效果怎么样，通过眼镜把 3D 效果展示出来。

◎ 创业成功的“三大要素”

黄自立认为当前的形势下，具备三大要素，创业成功的可能性会很大。

一是有技术，如果有区别于别人的特殊技术，那么创业就容易成功，因为中国现在拿投资的钱相对容易，但是一定要有特别的技术，因为那些风投去评估技术的时候，也会请很内行的人来评估，如果只有一个概念是没有用的，必须有好的技术，这样别人在短期模仿不了，或者有专利，这是风投最喜欢的。

二是必须要有行业经验，要特别了解这个行业，有经验，做的东西才能按照计划，在出入不太大的情况下做出来，这样创业的过程、成果、困难等都会提前预料到，在真正展开计划时就会事半功倍。

三是要养成良好的工作习惯，因为创业者必须有良好的习惯和严谨的工作步骤，这样做项目就会按部就班，逐渐走向成功，只要你的方向是对的。很多投资团队最初来谈投资的时候并不一定看公司有什么人，技术怎么样，主要是看带头的这个人，如果觉得这个人可靠，就会投资。也就是说，投资团队会考察项目带头人是不是一门心思要把这个产品做出来，一旦下定决心一定要把这个东西做出来的，团队跟你配合，成功的概率就很大。

点评：一丝不苟、匠心精神是做好事情的关键，而有技术、有行业经验、有良好工作习惯是成功的三大要素。这是黄自立总结的创业之道，“他山之石，可以攻玉”。自力更生，艰苦奋斗，既是朴素的经验，也是创业者可以借鉴的良方。

19 肖鹏飞：实验展琴心　创业舒剑胆

改变命运的机会，也许就在你洗的杯子里。

1988年出生的肖鹏飞是清华大学医学部研三的在读学生。2013年，在一次常规实验结束后洗杯子时，他注意到了不寻常的现象，“改变命运的机会，往往就在一瞬间”。一直有创业想法的肖鹏飞牢牢抓住了幸运女神的手臂，他连夜对这种玻璃不沾水的现象进行了反复研究和实验，并由此研发出一种新型强力清洁剂。

命运由此改变。

2014年3月，还未毕业的肖鹏飞创办了易净星科技有限公司，致力于新材料领域的研究与服务，现已推出“玻璃隐形防护剂”“车漆隐形防护剂”以及“自清洁镀膜剂”等安全、环保、高效的新型材料产品。

易净星“生得恰逢其时”，创业之初就得到了成立不久的清华X－lab孵化器的大力支持，赶上首届清华大学“校长杯”创新挑战赛并斩获首枚金奖，并引起了投资人的关注。2014 年 7 月，硕士毕业的肖鹏飞放弃了直博资格，也没有追求“北京户口”带来的稳定，而是开始了全职创业。创业的风险他很清楚，但“即使失败了，也要尝试”，爷爷的教诲也是肖鹏飞的信念。现在，他正带领易净星团队一边研发新产品，一边让产品从实验室走向大众市场。

◎ 洗杯子洗出的创业点子

“易净星”是一款主打产品玻璃隐形防护剂，起源于肖鹏飞的一次常规实验。肖鹏飞在医学院读研三时，在一次有机实验中，为合成一种药物，需要为小分子加上保护基团。实验完成后，小分子溶解，保护基团留在了玻璃壁上。

他在洗杯子时发现，不同于以往，此次使用的保护基团竟然滴水不沾，反而快速促成水流形成水滴，从杯壁上滚落下来。刚刚经过的每一项操作一下子清晰地浮现在他脑海里。这几乎是本能：大三保送研究生进入实验室后，在他接受的训练里，就包括留意实验时每一个细致的动作、试剂颜色的深浅。当天深夜，肖鹏飞再次复制白天记住的那个组合过程。几次试验之后，肖鹏飞确定自己发现了一种强力清洁剂。激动的他上网查证后发现，美国汽车行业已有类似的产品，但国内市场还是一片空白。

肖鹏飞觉得这是命运打开的一扇门，他一直希望做出点自己的事业。很快，他从清华、北大、中科院召集组织了一个小团队，经过一年半的不断思考和反复试验，终于研发出适用于汽车的隐形镀膜材料，只需将清洁剂轻轻喷到车窗玻璃表面，就可形成一层透明不可见、不反光的镀膜，起到防雨、自洁、防冻霜等效果，并且不会因为雨刷等外力而失效。

2014 年 5 月，肖鹏飞带领他的易净星团队参加了清华大学首届

“校长杯”创新挑战赛，凭借“玻璃隐形镀膜剂”贴近生活、绿色环保等优势，易净星团队在大赛中摘下桂冠，成为清华大学“校长杯”创新挑战赛的首支金奖团队。这不仅证明他的发明得到了认可，更给了他巨大的鼓励和创业的动力。

获奖之后，易净星团队和他们的创新产品“玻璃隐形镀膜剂”引起了投资人和商家的浓厚兴趣。2014 年 7 月，肖鹏飞顺利毕业，并决心出来全职创业。

在顺利拿到投资资金以后，他一边吸收清华、北大和中科院的精英，继续研发新产品，一边和有工作经验的同学着手开拓市场。

易净星的诞生看似偶然，实则必然。一心想创业的肖鹏飞，执行力强，敢于挑战，更有着不忽略别人忽略的东西的细心和执着。

开普勒没有忽略第谷观测记录火星轨道 8′的误差，得出了行星轨道不是正圆而是椭圆的猜想。牛顿没有把掉在头上的苹果捡起来就吃掉，之后发现了万有引力定律。

肖鹏飞当时研究的是药，能在洗杯子时发现玻璃杯不沾水，这是多么细致的观察！通过玻璃杯不沾水，能想到研发针对玻璃材质的除水产品，这是多么敏捷的联想力！由想到研发产品，到“一年半的不断思考和反复试验”，最终做出新型防水清洁剂，这是多么强大的行动力！

史迈尔说，对事物的仔细观察，是事业、艺术、科学及生命各方面的成功秘诀。肖鹏飞掌握了这个秘诀，更把“一闪的灵光”化为实实在在的产品。

◎ 从“实验室”走向“大市场”

2014 年下半年，结合研发能力和市场需求，易净星团队开始将防雾技术融入眼镜布中，并于 2015 年初推出了新产品——“朗视星防雾型眼镜布”。这款眼镜布含有特殊表面活性成分，用它擦拭眼镜镜片后，可以在表面形成一层亲水纳米膜。这层特殊的纳米膜可以使水汽在表面形成均匀的薄膜，而不是阻碍视线的微小水滴，起到防雾的效果。

这款产品的研发过程并非一帆风顺，特别是在准备投入市场生产时，他们发现产品在某些眼镜上不起作用。通过多次研究论证，团队发现一些高级眼镜上面涂有含氟的镀膜，导致材料无法附着，从而造成防雾功能失效。在接受挫败之后，肖鹏飞和他的团队一起努力，经过反复实验，终于攻克了这一难题。于是，朗视星防雾型眼镜布也具有了独特的优势：安全可靠，适用于各类眼镜镜片和光学镜头。

目前，新产品 Lucesion 朗视星防雾型毛巾也已上市，只需轻轻一擦，洗澡时镜子就没有雾了，帮助我们随时随地看清自己。

在肖鹏飞看来，从“实验室”走向“大市场”是所有产品的必经之路，两者均必不可少。要成为一家具有自主创新与研发能力的高新技术企业，必须具备强大的科研实力。易净星作为一家创业公司，最大的优势也在于此：一方面，公司集结了中国最好的研究机构清华、北大、中科院的优秀学子，科研实力不容小觑；另一方面，市场需求决定了企业存亡，在市场经济条件下，要将市场开发作为企业发展的第一要务。易净星公司的创业项目为玻璃隐形镀膜剂和车漆镀膜材料，这一项目以强大的汽车后市场作为支撑，潜力巨大，公司也在积极拓展与汽车等行业的合作。

◎ 创业路上的荆棘与收获

对于一个刚刚走出象牙塔的学霸型创业者而言，肖鹏飞的创业路并不比做学术轻松，他要面对来自于产品研发、市场开拓、团队建设等各方面的难题。

从发明易净星“玻璃隐形镀膜剂”到申请专利，再到研发新产品防雾眼镜布、防雾毛巾系列，到技术产业化、找工厂、设计制作包装、找各方面相关企业合作……这对于清一色理工科背景的创业团队来说，真是全方位的挑战。商业模式选择、产品推广与营销都不是他们的长项，缺乏相应的社会经验和资源，也往往影响了项目进度。

作为清华学生的他们是幸运的，创业之后不久，他们就进入了清华 X－lab 孵化器。作为重点扶植清华学生创业的孵化器，清华 X－lab 在企业从 0 到 1 的过程中起着非常重要的作用。在这里，易净星在公司战略、公司运营、产品销售、推广宣传等方面都获得了大量的支持。团队人员通过各种途径“恶补”商业知识，在 X－lab 这个创业大家庭里，肖鹏飞从孵化器提供的导师和已经创业成功的师兄前辈那里学到了不少实用的经验，慢慢从学生转变成了企业家的角色。也正是清华 X－lab 举办的清华大学“校长杯”创新挑战赛，让易净星团队的“点子”没有一闪而过，而是一步一步被引导扶持、教育辅导，并顺利走到了现在。

肖鹏飞对此非常感恩。他知道有些朋友在外面创业，没进任何孵化器，完全靠自己摸索，往往是一段时间后就坚持不下去了。资金紧缺、知识欠缺、办公室场地等问题困扰着很多“草根”创业者们。很多初创企业都面临注册公司程序烦琐、巨大税收压力、因户口留不住人才等问题。在清华硕士毕业后，肖鹏飞因为对创业和梦想的执着，选择了放弃北京户口直接创业。但是，在理想和现实的抉择中，很多人还是会向现实妥协。

国家政策的调整需要时间。在整体创业环境大好的形势下，想“放手一搏”的勇士们，既要充满信心，也要准备好面对荆棘与坎坷。困难，从来不是创业者放弃的理由。

从做技术到管理公司，肖鹏飞在不断调整着自己的角色定位。创业初期，团队权力过于分散，导致很多事情执行很慢，他很快意识到这些问题，及时进行了人事调整，最终得到了整个团队的信赖。在他看来，创始人发现问题并及时修正的能力，决定了一个公司的存活。

肖鹏飞认为，团队最好的配合方式，是高度互补。合伙人王同舟、武远泉和自己对公司发展目标是一致的，但看问题的角度却又能和他互补，这样他们在公司重大决策上考虑得就能更全面。创业以来，他们遇到困难相互鼓励，一起讨论研究解决之道，在遇到分歧时，三个人一起坐下来，把各种利弊逐条讲清楚、分析透再最终决定。

易净星团队也在不断寻找产品研发和市场开拓方面的结合点。研发出真正具有市场价值的高科技产品，不仅是企业发展的首要条件，更是企业的社会责任。肖鹏飞认为，企业不仅仅是谋取自身利益最大化的经济体，作为社会的细胞，企业还是社会整体财富积累、社会文明进步和环境可持续发展的重要推动者。因此，肖鹏飞和他的易净星团队立志要将前沿科技产业化，创造出更加安全、环保、高效的新型材料产品，创造出提高人们生活水平的产品。在后续发展中，公司将积极开拓材料科学领域的前沿技术，并将业务范围拓展到其他新材料领域，努力发展成为一家世界领先的新材料公司。

◎ 哪怕失败了，也要尝试

易净星并不是肖鹏飞第一次创业尝试。他创业之梦的萌芽，要追溯到 20 岁那年。那一年，肖鹏飞有机会参观了杜邦集团旗下的一家小公司。至今，他依然清晰地记得当时内心的震撼：一家包括生产工人在内不到 10 人的小公司，年产值达 10 亿元人民币！而中国许多劳动密集型企业，一年最多挣几千万元。那一刻，肖鹏飞真切地体会到了高科技的力量，从此他的心中也有了一个梦想：有一天，他也要创造一家这样的高科技企业。

漫漫求学路上，肖鹏飞开始了一系列的创业尝试。在本科阶段，他带领团队荣获 2010 年“全国挑战杯创新创业科技竞赛”广东省银奖。硕士期间，凭借扎实的高分子材料和有机合成专业知识，他与同学一起创建了一款全新的化学试剂管理、查询软件 Chemical Seeker。这是一个拥有 45 万条化学小分子的数据库，其中的结构式搜索可以实现运用分子结构式对目标分子进行检索，当画出一个分子结构时，可以精确地检索到和这个结构所有相关的化合物，以及与之相关的所有信息和所有厂商。这款软件已经广泛运用于清华、北大、中科院等高校和研究机构的相关实验室中，并已经给相关的试剂厂家提供了相关技术，现阶段免费向科研用户开放，肖鹏飞想把它做成一个公益事业。

早期的创业经历让肖鹏飞更懂得如何抓住机会。他勇于尝试的心态和做法则是受到爷爷的影响。肖鹏飞说：“爷爷在我 21 岁时，给我讲了他 21 岁时的故事。他当时有一些机会没有抓住，一些事情没有做成，在晚年一直很遗憾。爷爷告诉我，年轻时要勇于尝试。人生遗憾的不是你做失败了什么，而是你根本没做过这件事情。”爷爷已经去世了，但他的人生态度却给予肖鹏飞无限启迪，“所以无论 Chemical Seeker 还是‘易净星’，我一定会坚持做下去，哪怕失败了，也要尝试。”

在尝试中细心观察，观察中发现，发现后立即行动，行动中坚持，坚持中，世界已然不同。

点评：改变命运，往往在一瞬间，而即使失败，也要宽容。创业是失败率很高的行业，因此宽容失败，应该是常态。肖鹏飞的爷爷告诉他：人生遗憾的不是你做失败了什么，而是你根本没做过这件事情。这句话同样适宜每个人去体会和参悟。

20 薛小祥：定位国际化战略的弄潮儿

国际化战略，是薛小祥这匹黑马闯入生物医药的小目标。

金博特，位于创业中路北京留学人员海淀创业园，一群有国际化视野的年轻人，带着大胆的梦想，要在医疗行业国际化浪潮中闯出一片天地来。而金博特生物的掌门人，薛小祥，正是这样一位具有国际视野、能吃苦耐劳、又敢想肯干的务实派。薛小祥自幼就对自然生物非常感兴趣，上中学时虽然家庭条件有限，但他仍以全县第一名的成绩进入县一中，生物、化学更是满分。随着计算机浪潮席卷世界，他同许多莘莘学子一样来到了计算机世界，但生物医学的种子在他的内心从未泯灭。2005 年，机缘巧合他进入国家芯片研究中心，生物医学的种子终于得以生根发芽，经过十几年的历练，他已经成长为掌握生物医疗行业分子诊断、免疫诊断专业技术的核心骨干。

2015 年，金博特生物在薛小祥带领下，从无到有，发展为初具规模的初创企业，按他的话说，“从金种子创业谷到发展大厦，再到标厂，半年一个台阶，这已经是他第三次搬到新家了”。自公司成立以来，多项专利进入申报流程，而且现在公司业务已经进入稳健的发展阶段，爆发点即将来临。那么薛小祥和他的团队是怎么做到的？

◎ 含着金钥匙成长的明星国际化公司

在国家“双创”大背景下，金博特发展得非常顺利，可以说是顺风顺水。公司注册成立在金种子创业谷，一开始就是含着“金钥匙”成长的明星公司。

薛小祥坦言，自己是技术出身，但如何办公司，如何办好公司还是一门大学问，无论是技术创新、财税管理、专利申请、公司运营，还是公司综合管理、国际化战略、团队建设等方面，这些都是最考验创始人功力的地方。

“千里之行，始于足下。”无论再大的困难，只要找准突破口，问题一定能够解决。企业家要有坚韧不拔的信念，敢于面对来自各方面的挑战，企业一定能够做大做强，走向国际。

古人云：“不积跬步，无以至千里，不积小流，无以成江海。”厚积而薄发。

在企业发展过程中，一些让薛小祥头疼的事，如研发生产场地、企业资金申请、市场拓展、高端人才招聘等，最近公司要在南京建立生产基地，也在紧锣密鼓地进行当中。

医疗体外诊断（IVD）是一个非常大的蓝海国际市场，不仅要做国内市场，还要高出着眼国际市场，随着国家分级诊疗改革的逐步推进，国际巨头企业长期盘踞、垄断中国检验检疫高端市场格局将会逐步被打破，国内竞争将更加激烈；同时随着国家“一带一路”战略的推进，以及中国国际市场影响力不断扩大，着眼国际市场，未来发展空间将会更加广阔。在海外，如东南亚，印度、亚非拉和中东地区等，非常需要质优物美的高端医疗设备。“所以金博特一开始的定位就是做国际化市场，树立做大做强国际化品牌意识。这才是我们金博特发展的思路。”

◎ 百亿量级的大蛋糕，但我们的使命不仅仅是市场

薛小祥谈道：“体外诊断 IVD 行业是医疗行业的朝阳产业，是蓝海医疗行业的重要组成部分。在 2014 年国内达到 306 亿元人民币，目前正是 IVD 行业快速发展时期，预测到 2019 年国内 IVD 市场规模将达到 723 亿元，且未来 3 年仍保持 16% ~20% 的快速增长率。”

IVD 行业有三大重点细分高速增长领域：免疫诊断、分子诊断、及时诊断 POCT。高通量、超高通量、流水线全自动化学发光是未来的发展方向，并且成为替代酶免和生化检验的必然趋势。金博特生物正是以此三项（分子诊断、免疫诊断、POCT 快速检测）为自己产品定位，为公司发展战略方向。金博特的成长空间是非常巨大的，但这并不是金博特的使命，金博特的使命是人人享有优质检测，人人享有优质健康，让检测造福人类。对于那些医疗资源不丰富或者医疗相对落后的国家和地区，我们甚至可以考虑捐助我们研发的医疗设备。但是通过哪种渠道以及如何发挥设备应有的价值，是他常常思考的问题。

谈到未来公司的宏大愿景，薛小祥谦虚地说：“高谈阔论成不了一个真正的企业家，我是一个务实的人，还需要像小学生那样夯实基础，多向其他做得好的同行、前辈学习，毕竟万丈高楼平地起嘛。”但正是这样的“小学生”，马上就要步入 PRE - A 轮融资，多家业内投资机构已向金博特抛来了橄榄枝。如果进展顺利的话，金博特将会迎来一个质的飞跃。薛小祥的做事理念是，任何事都要未雨绸缪，要主动对接市场、对接资本。尽管金博特已经能够自力更生，完成自我造血和养活整个团队，而且每年都会投入大量的研发经费，但资本是企业壮大的动

力，是企业的基石。

他是一个懂得管理艺术的领导者，平时非常注重整合资源，经常邀请各个行业的老师前来公司做讲座和交流，以提升公司团队的学习能力、探索能力和自我创新能力。同时他向我们列举了工作中的一个实际案例。有一次，他们要研发一个新产品，该模块是从国外转交购买过来的，对方无资料提供，请教同行，由于壁垒原因，对方提供的信息模糊仍无法使用。终于在另一个朋友提供的英文片段截图中发现了蛛丝马迹，这时他带领团队，就通过跟踪这个关键词与厂家反复沟通，并大量检索与查询，终于得到了完整的英文版资料，随后就马不停蹄地进行通篇翻译、整理，最后顺利地解决了问题。而这样的例子在研发中经常会遇到。

◎ 国际战略：文化先行，市场从做人开始

金博特从一开始就定位于国际化发展战略思路的公司，最近从北大引进了澳大利亚的实习生，在生活中，通过带留学生到附近的国际性酒店进餐，让其感受到家的温暖的同时，也了解了中外饮食文化的差异；在工作上，让他们参与到国际商务的沟通谈判中去，在实际的学习实践过程中实现了学有所获，这也是公司国际化战略的点滴折射。同时金博特定位的国际战略是："先做人，后做事。"通过做好人，做好产品，运用医疗这一个无声的使者，帮助更多国内外贫穷地区的病人们做出精准诊断，使他们在获得健康的同时，也能收获到金博特人，乃至国人对外发出的善意，这样市场之门自然而然就敞开了。

所以薛小祥认为，金博特虽然是一家致力于做医疗设备的国际化公司，但更像是一座桥梁，以中外的健康作为桥梁，健康无论是对于国人还是外国人来说，都是一样宝贵。那么通过这个桥梁，我们能做的事情就会越来越有意义，朋友也会越来越多。正如古话所说，"得道者多

助”。

金博特的发展，从无到有，从小到大，一步一个脚印，工科技术出身的薛小祥，虽然不苟言笑，但却是个实实在在的好人和能人。他说他对于员工的管理也是很人性化的，在给员工提供优厚的福利待遇的同时，也为员工自身的发展创造了广阔的平台。因为他深知，员工如同水中之鱼，只有活水多了，鱼才能活得更积极、更自在。

当前，国家和政府非常注重中关村企业的国际化战略和发展思路，而中关村“一带一路”产业促进会等单位联合发起的“藤蔓计划”，正是顺应了“一带一路”战略，把国际留学生和中关村创新创业企业做精准对接，金博特公司正是该计划的受益者。那么在新的一轮创业热潮中，衷心祝愿金博特可以一马平川，打开国际化的大门，飞得更远、更快、更好。

点评：从无到有，从小到大，每一步都算数。一个企业要实现国际化和本土化，企业文化至关重要，而培育企业文化在于创始人，文化先行，以人为本，薛小祥的国际化战略探索可以为创业者提供一个思考的范本。

21 骆轶航：世界科技创新沟通桥梁的搭建者

有品好玩的科技，一切与你相关。

说起老北京胡同的四合院，大到紫禁城、中到恭王府、小到寻常百姓家，股股强烈的人文气息充斥着我们的大脑。说起科技创新创业，沸沸扬扬、热火朝天的“总理现身之处”——中关村创业大街必先浮入眼前。而让人文情怀渗入科技，让科技气息丰富人文，想必就是选择在四合院安身立命的 Pingwest 品玩吧。

Pingwest 品玩是一家以有趣、通俗、易懂的语言讲述中西现代科技创新的网站。用幽默的文风来讲述科技，在中国也算是史无前例。其丰富独创的内容吸引了越来越多的读者，并逐渐多元化发展。

骆轶航，那个创办了 Pingwest 品玩的“80 后”男生，现人称“托马斯骆”，毕业于清华大学人文学院实验班，其后在美国硅谷《环球企业家杂志》《第一财经》工

作。也就是在那时，他突发奇想，加之天时地利人和，创办了 Pingwest 品玩网。经过坎坎坷坷后，Pingwest 品玩网成为中美乃至世界之间的科技信息和科技创新沟通的桥梁和介质，帮助中国的科技创业公司走向世界。骆轶航在逐步实现他的人生理想的同时，也为现在的创业者们提供了宝贵经验。

◎ 清华传统奠定基调

骆轶航高中毕业后顺利考入了清华大学人文学院。刚入学时是在中文系，后来因为成绩优异，被选拔到实验班。所谓实验班，还要追溯到 1920—1930 年。当时清华有一个传统，要求古今贯通，中西贯通。恰逢清华大学要复兴这个传统的时期，所以当时就创办了这个实验班，由中国语言文学文化与西方语言文学文化联姻而成，希望能够培养出一些在视野上、格局上同时有中国和西方文学和文化素养的人才。虽然这个实验班本身并不是很成功，到现在已经停办，但是在实验班的学习经历开拓了骆轶航的视野，让他能够从不同的视角去看待太平洋两岸的科技创新，为他创建品玩网奠定了基础。

◎ 硅谷实践火花闪现

清华大学毕业后，骆轶航先在国内一些大公司做了 3 年左右的公关，后来到美国硅谷开始做媒体。先是在《环球企业家杂志》，然后在《第一财经》，也就是这份工作让他有了建立这个平台的想法。起初是想有一个英文的站点，提供中国第一手的资讯，给海外的投资人、创业者、潜在客户提供信息，所以起名为“Pingeast”。实践之后发现这个事情是拧巴的，因为人在美国，母语是中文，却要用非母语来写远在千里之外“母语”的事情——拧巴，实在是拧巴。当机立断，又拧巴了回来，将国外的科技信息写给中国人看，所以改为“Pingwest”。

可见作为创业者的探路者都要经历不断调整、改进的过程。这也成为 Pingwest 的企业文化，就是鼓励大家不断地去尝试，不断地试错、改错，把很多想法快速落地。

◎ Pingwest 的建立

仅仅有一个想法是远远不够的，还要有天时地利人和，Pingwest 的建立正是如此。

那是一个特殊的时间段，在 2011 年、2012 年中国掀起了硅谷热潮，国内互联网创业投资圈情绪高涨。当时骆轶航恰好在美国硅谷工作，每次回国都会有很多让他分享国外的所见所闻，这让他有了一种很强烈的感觉——应该做点儿什么。于是他决定把硅谷的科技创新创业传播到中国，这样既满足了国内的需求，而且事情本身也很有趣。

除了天时地利外，人和也是至关重要的。Pingwest 的创始人除了骆轶航外，还有“四大天王”——罗卫、赵舒、王天明、刘伟。

刘伟的加入是他们共同的朋友举荐的。当时北京需要负责人来做整个运营，就找到了刘伟。刘伟一看，觉得这件事能做成，就加入了。赵舒和骆轶航因为工作关系，相识于美国，并成为很好的朋友。她之所以加入，是因为赵舒的职业标签就是中美、科技、互联网、市场，她的这个职位像是为她量身制作，所以她非常愿意加入到这个队伍中。而王天明和骆轶航很早就认识，这位资深工程师的加入原因很简单，就是不想在大公司干了，想选择技术比较开放的公司。

虽然这几个人长相多元，性格不一，喜好各异，加入团队的原因看似也是各不相同，但是他们对于新鲜事物的好奇心、对这件事情的坚信不疑将他们聚到一起。骆轶航更幽默地说：“我后来才发现，原来这波人都比我相信这件事，我是一开始最不相信这件事的。”而且他们的思维方式是非常一样的，如一天早上骆轶航发现雅虎北京研发中心裁员，想马上做一个招聘专题页面，当他在办公室跟别人讲这件事时，发现刘伟已在群里吼上了，要知道他们可是完全没有打过招呼的。

◎ **从创新谷到山水间**

入住孵化期对于初创业的互联网公司来讲，无疑是最好的选择。品玩网之所以一开始选择入住厚德创新谷，除了厚德创新谷创始人也是清华背景外，还有一个很简单的原因，就是想找一个便宜点儿的办公场所，当时厚德也是刚刚成立，所以更优惠一些。在入住孵化器后，它不仅提供了场地，更提供了一些资源，而且厚德一个很大的特点是他们不会要求你做任何事情，只是在你决定要做一件事情后，想方设法支持你，往你这边添一把柴火。例如，品玩网跟另外一个机构合作关于智能城市创业大赛的商业项目，厚德马上就给输送了很多相关的资源。这对于一个初创业的公司来讲，可谓是雪中送炭吧。

随着公司的不断扩大，选择自己的办公场地已是必然。可是骆轶航并没有选择“high 起”的中关村创业大街，而是别出心裁地来到了四合院中，这并不是一时的头脑发热，也不是为了追求个性，而是经过一番深思熟虑后的重要决定，下面听听骆轶航自己的见解：“毫无疑问，大家太喜欢四合院了，准确地说是我自己太喜欢这儿了。”当租一个四合院作为办公地点的念头从大脑沟壑的夹缝里蹦出来之后，整个核心管理团队都 high 了。甚至有一个美籍员工，觉得在四合院办公实现了他一个“中国梦”。

◎ **Pingwest 的未来**

在谈到未来发展方向的时候，骆轶航更是信心满满，想法多多，侃侃而谈。

他认为，科技本身将是生活方式和价值观的一部分，而且是最好的一部分，它总是能帮助人们通向一个更自由、便捷和快乐的生活方式，这是网站最想传递的东西。当你需要去连接科技和消费方式、生活方式的时候，你一定会做出很多更新的尝试，会有很多更好玩的东西出来，而不仅仅是文章。

而且，“媒体不一定只有你自己掌控这个平台才是一个媒体，你在别人的平台上也能成为一个独立的板块”。因此，Pingwest 慢慢地会往里边灌各种各样的东西，如图片、视频、音频等。现在在喜马拉雅上专门有一个音频频道，以后在优酷上会有一个单独的频道，专门放自己的内容。而且不会像一般运营社交媒体仅仅就依靠微博和微信，而是会做得更疯狂一点，会在 in、nice 等图片频道上也做自己的板块。

品玩网将会推出一个叫作品玩实验室的项目，致力于怎么和传统的行业合作，召集一些科技达人做一些更好玩的事情。例如，去征集聪明的房子，让智能家居帮助你解决生活中的一个问题，或者改善你生活中的一个方面。例如，在人不在家的时候怎么收快递，早上一起床就想先喝一杯咖啡，有没有机器能帮你做好。

◎ 骆轶航谈创业

1. 信托

“对于创业来讲，就不能像打工时那样想干就干、不想干不干，因为背后的信托机制推动着你，支撑着你走下去。这个信托是三方面的信托，一个信托是你对股东的信托，要让别人看到事情是继续发展的，不是看到这件事情做着做着就没了，而且好的声誉会给你带来越来越多的东西。第二个信托就是对员工的信托，虽然这些人不是没有我就找不到工作，甚至很多人能找到更好的机会，但问题是员工相信这件事，相信我本身，所以要对他们负责。第三个信托实际上是你的受众，就是一个内容读着读着突然没了，这个事不太好。”

2. 如何克服困难

“我印象最深刻的是招不到人或者人员流失。在 2013 年 10 月到 12

月有一个比较难的阶段，当时内容总监走了，而我管理内容的风格给很多人很大的压力，所以很多人就走了，新的人员又没法很快招进来，招人的压力很大。后来我发现了几点招人的窍门：第一个就是招人从粉丝里招，本身他就是你的用户，沟通起来成本相对比较低；第二个特别重要，就是招人的时候要讲故事，要用一个长远的规划和你的人格魅力去打动他；第三个就是答应别人的事一定做到，别忽悠人家。”

3. 对创业者的建议

“现在全国上下掀起了创业高潮，但不乏很多人可能就是为了创业而创业，每天奔波于找投资人、找点子等，一年可能换八个方向。对于这些人，我对他们没什么建议——赶快回家歇着去吧。创业的前提首先是要相信一件事，要相信这件事本身能成，要自己的基础素质和技能与这件事相差都不太远才靠谱。”

点评：“两脚踏东西文化，一心做宇宙文章。”用科技搭建世界沟通的桥梁的品玩是个了不起的创意。骆轶航对创业者的建议很宝贵，而信念是考验创业成败的关键。科技碰撞中西文化，是个有趣的组合，但愿能越来越好。

22 张天一：湖南人在北京的“霸蛮”

“我们是‘90后’，在环球金融中心，为自己上班，用知识分子的良知，在他乡，还原家的味道。”

就如同当年的“80后”一样，现在的“90后”被社会无限地吐槽，拜金、坑爹、独生子、自私、不靠谱等，他们被如潮水般的差评贴上了各种标签。但是不要紧，时间会证明“90后”是一群有思想、有态度的正能量有为好青年。

张天一就是其中之一，大学期间曾经从事过艺人经纪人、创业者（开连锁餐馆天一碗）、机关法律顾问、小摊贩、保险推销员、自由演讲人、专栏作者、文化公司营销总监等10个职业，在北大BBS论坛上引起了巨大争议，被网友称为“十业哥”。如今，他是北京伏牛堂餐饮文化有限公司CEO，北大1898咖啡联合创始人。

2015年5月，李克强总理考察中关村创业大街，来到北京大学创业训练营，正巧碰到了穿着标有“霸蛮”二字工作服的张天一，便问他这两个字的含义。张天一当时解释说：“湖南有一句话叫‘吃得苦、耐得烦、霸得蛮’，这也是我们创业团队的精神。”这个回答得到了总理的赞许。

◎ 我是要成为“寿司之神”的男人

在湖南常德，有这样的一句话，它与老北京人常说的“您吃了吗?”一样流行，那就是“走，嗦碗粉儿去!”对于不少湖南人来说，天天吃甚至顿顿吃米粉是再正常不过的事情了，米粉之于常德人就像炸酱面之于老北京。

伏牛堂是北京第一家正宗的常德市牛肉米粉，是由张天一牵头，北京外国语大学法学硕士柳啸、放弃了美国高校 MBA 全额奖学金的宋硕以及在深圳早已有稳定工作的周全共同发起的餐饮创业项目。目前被视为与黄太吉、雕爷牛腩等齐名的互联网餐饮品牌，并获得险峰华兴、IDG、真格基金的投资。

因为他不想朝九晚五地上班，也不愿意做大公司背后的一颗螺丝钉，最后与许多创业者最开始的创业原因一样，没有自己喜欢的职位就自己创造一个。张天一在大学期间就开过饺子馆，最终将创业项目锁定在餐饮行业。他想到了常德牛肉米粉，一是他发现在北京没有一家非常正宗的常德米粉，这部分市场是空白的。二是米粉准备工作主要在前期，牛骨汤需要提前 10 小时熬制，而真正操作的时候，从煮粉到出餐，全部过程不超过 30 秒，具备了标准化操作的可能性。

发粉、烧水、炒牛肉，并且研究汤底的配方，越研究越有意思。多一点中药是这个味道，少一点中药是那个味道。每天在那儿研究配方，搞搞牛肉，包括到外面做服务员，跟客人聊天，张天一觉得这是他目前想要的生活。

这样的事事亲力亲为，对牛肉和粉的质量要求非常严格，这不禁让笔者想起之前看的一部优秀的纪录片《寿司之神》。一间只有 10 个餐位，连洗手间都在店外面的小小寿司店，居然被评为米其林三星餐厅，笔者被纪录片的主人公小野二郎的专业与敬业所感动，一直认为那是厨师的最高境界。

闲聊之中发现，张天一也很喜欢《寿司之神》，居然看了10遍有余，他是立志要做“寿司之神”的男人。张天一总是以“要更好玩儿”的心态经营自己的米粉店。用一碗米粉起到连接的作用，希望将北京的湖南人连接起来。同时，它还可以是一个游戏，你来吃米粉，可以跟店员掰腕子，赢了免费，输了你双倍付费，多收的钱捐给公益组织等。王府井新店开张他则推出了世上最强的“黑暗料理”——藿香正气鱼腥草米粉，吃之前都是要签“生死状”的（据说只有129人连汤带粉全部吃完了）。

伏牛堂于2015年2月公司团队整体入孵北京大学创业训练营海淀基地。张天一来到北京大学创业训练营孵化器也是机缘巧合：“它最大的意义在于能够让创业者把精力都放在业务上，其他都不用你操心。包括你要创业的什么政策信息、法律信息、投资信息，孵化器都会给你提供，并且还不定期举办很多讲座，请来的都是非常成功的北大校友，分享交流自己创业的经验。相当于你会有一个导师一样的，这就是北大创业训练营让我感觉非常舒服的地方。”

◎ 将餐饮业做成受人尊敬的行业

与张天一接触过会发现他并不是网上了解到的那样年少轻狂的“90后”，而是一个很踏实的人，只是想踏踏实实地做好每一天的米粉，开好每一家米粉店，坚持合法“卖粉”，并且立志要将中国的餐饮业做成一个受人尊敬的行业。

“今天中国有3亿人在从事服务行业，传统的服务行业是没有受到它应有的尊重的，伏牛堂的企业使命，今天我理解我的企业使命，在于我们要做成这点的标杆，让所有人觉得伏牛堂是一个值得尊重的企业，从而让这3亿人感到自豪。”

“你看快递小哥，工资不低，但是他真的是一个很受尊重的行业吗？不是。厨师，都在为社会创造价值，工资也不低，但是为什么得不到别人的尊重呢？我希望我们伏牛堂在未来的某一天能做到这一点，让3亿人为我们自豪，今天我能做到我老家的人很为我自豪，做到这样我觉得就叫企业有使命感，企业有了使命，你才谈战略，有了战略再谈战术，肯定是这样的。包括我不是卖的一碗粉，它就是湖南的常德牛肉粉，我们真正卖的是什么你知道吗？我们真正卖的是中国这个城镇化大背景下的商机，一切跟漂泊这两个字相关的主题，因为中国未来适应的主题就是城镇化，而城镇化意味着背井离乡，现在人们最怀念的就是小时候的味道，家乡的味道。”

“因为饮食是一个人的文化背景最好的体验，我们讲未来中国城镇化至少6亿人会被城镇化掉，背井离乡，未来的伏牛堂不仅是给湖南人提供的，我们提供的主题不是叫湖南米粉，我们提供的主题是为所有漂泊的游子提供一种家的感觉。因为每一个人的家乡都有这样的东西。这样的感觉是要提供的，不然肯德基就是个炸鸡，就是卖一个鸡肉，它为什么卖到全世界，它卖的是美国的文化。很多人在北京的归属感是很差的，也有些人说伏牛堂这个地方能给我归属感，这种归属感不仅提供给我的顾客，我要提供给员工，提供给所有的人。这是我的核心价值观，这样我才能把一个地域的食品卖到全国，卖到全世界，否则是不可能的。”

◎ 湖南人在北京的“霸蛮”

伏牛堂出名的除了正宗的常德米粉还有霸蛮衫。霸蛮其实是湖南的方言，也是湖南人一直秉承的一种精神，意思为吃得苦、霸得蛮、不怕死、耐得烦。

张天一把霸蛮作为企业的精神，他认为那是一股劲儿，是与他整个人喜欢的性格特质相同的一股劲儿，那就是面对所有压力的时候就是不信这些邪。而且这是创业必须要有的一股劲，因为创业就是在做一个创造规则的事。

“绝大部分大学应届毕业生，进入社会第一件事情不是学创造规则，而是我怎么去服从规则。各种各样的规则，迎面而来，大家要服从规则。现在他在做伏牛堂，不仅仅拒不服从，而且还可以创造，这个难度是很大的，那是因为必须要有自己的一套价值观，自己的一套逻辑，还有一股比较狠的劲儿，霸蛮这个精神很重要。”

对于创业，他有着自己的理解：“古人就是知行合一，合没合一不知道，但是我的观念就是人生还是在于体验，创业不在乎成不成功，今天很多人创业的观念是错的。我当时毕业的时候，有人劝我要不要工作3年再创业？我想这个是错的。因为创业不管怎么靠谱，它始终是一个大概率的失败事件。你可能刚毕业的时候失败率是99%，可能我工作了3年，失败率降低到95%，你觉得这个降低有意义吗？没有任何意义。还不如在试错成本低的时候干这个风险失败概率高的事情，所以一定要在毕业的时候创业。很多人意识不到这一点，大家都想当马云，很多人把创业成功当成要追求的东西，每天都看成功学，这是不对的。真正成功的就是那些心态好的，创业比的就是心态。我觉得真正成功的人都是把创业当体验，火了是一种体验，死了也是一种体验。”

“我每天都在问，伏牛堂死了我能不能接受，我想能接受，我的伏牛堂怎么会死呢？我一想大概可能明天，或者下个月估计我就会有点问题了，我能接受吗？能接受，好，干。反正我觉得这个心态是很重要的，如果我能够始终保持这个心态，我跟我的合伙人就不会出问题了，因为大家的心态是一样的。其次，我的商业节奏不会出问题，这样你很清楚你到底是谁，你在干什么样的事情，这两点我把住了，创业真的就成功一大半了。看我能不能保持最好的心态很关键，这也是对我最大的挑战。”

点评：张天一是个名人了。不仅仅因为他是北大人，而且因为北大人去做湖南米粉了。他身上透出一股对家乡湖南的热爱，以及湖南人天然的那股“霸蛮”味，这也可以理解为一种创业精神。这种创业精神是很多创业者都需要的精神食粮但稀缺的。

23 祝凌云：我从来不觉得在创业

因为它好玩，所以我要去玩。

凌云智能创始人兼 CEO 祝凌云是一个爱玩的人。在玩的过程中，他做出了最轻巧、最强大的强光手电，做出了配有每分钟 12000 转喷气发动机的自行车，还做出了回头率 100% 的独轮电动车。他毕业于北京航空航天大学机械专业，既懂做产品，又懂编程，这让他玩起来如鱼得水。不管是在爱尔威智能做首席技术顾问，还是程序员，“是否好玩”都是他判断做或不做的重要标准。

目前，祝凌云正在“玩”具备纯正互联网血统的自动平衡两轮纯电动汽车！

祝凌云于 2014 年 2 月创办了凌云智能，专注于两轮纯电动汽车的研发。目前已解决了两轮汽车的核心技术，并申请了多项核心发明专利。今后将融入和整合自动驾驶、车联网应用、云以及大数据等前沿科技，目前公司已获 A 轮 1000 万美元融资。

在凌云智能的办公室里，记者看到了他们的产品——凌云两轮电动汽车。第一感觉是：哇，帅呆了！太酷了！好像突然置身于未来世界一样。这车看上去像小型飞机，可以像陀螺一样保持高速稳定行驶，零半径转弯，怎么也撞不翻，电池可插拔，能耗只有特斯拉的1/3，以后还可以实现全自动驾驶，自动探索最佳路径，自动转弯，等等。

于是，记者兴奋地问道："你的创业灵感来自哪里？怎么会想到做这么酷的车？"

◎ **酷车的由来**

"2012年有人找我设计电动独轮车，解决人类出行最后一公里问题。通过这个项目，我积累了一些平衡控制方面的相关经验。但这种方式还不是特别完美，我相信一定还有更好的出行方式。衣食住行是生活的基本需求，'行'对人类生活影响很大。我想，在'行'的方面突破是很有意义的。"

现在大城市出行，是非常令人头疼的事。汽车是当今最重要的出行工具，每辆车平均重量1.4~1.5吨，大多数车里有4~5个座位，但多数时候只坐一个人，这造成了严重的浪费和污染。

有没有更好的出行解决方案呢？

想象一下，如果每天都能看到蓝天，不用担心雾霾，不用考虑停车和堵车的问题，那生活该多美好！所以，祝凌云想，如何在不牺牲开车体验（能遮风挡雨），也不影响已有驾驶习惯的前提下，设计出一种小而轻的汽车？

其实轻型自动电动汽车的概念已经出现100年了。但是以前，没有像今天这样严重的大气污染、交通拥堵等问题。车少人少，人们没有PM2.5的概念，也就没有对这种轻型环保汽车的绝对需求。再加上以前技术也不成熟，这种车没办法实现商业化和产业化。但是今天，技术比较成熟，这种两轮电动汽车是很有需求也是可能的了。

2013 年底，爱玩、爱挑战、爱设计的祝凌云开始带领团队落实设计电动两轮车的计划，2014 年春节过后开始做，到 9 月已经做出了样车。

这种两轮车效率非常高，可以坐两个人。祝凌云说，将来自动驾驶技术成熟后，就不需要司机了，如果一辆车从 A 到 B 过程中，稍微拐弯就可以省时间，那样就可以通过大数据调度，帮助车辆自动选择最优路线。现在开车很多时间和能量都消耗在等红灯上了，以后通过大数据，完全可以自动驾驶，自动调速，就可以一直走，也就不需要红灯了。想象一下未来路上的场景吧！而且，这种车的价格甚至比现在的汽车还便宜哦！

谁不希望有这样一台智能、帅气、方便又节能环保的超级酷车呢?据了解，目前国内还没有和凌云智能类似的公司。投资人和凌云团队都非常看好这个项目的前景。

祝凌云说，推动他做这件事情最大的动力，除了这种车实用，更重要的是好玩。

◎ 不危险的东西不好玩

在整个采访过程中，祝凌云反复强调“兴趣”。

他说：“我只做设计，只做自己感兴趣的、觉得好玩的东西。例如，电动独轮车，别人找我设计时，我觉得这个东西很有意义，很好玩，所以才做。如果是我觉得没有意义或不好玩的，我是不会去做的。”

“我特别喜欢玩手电，越亮越好，所以我也设计手电。我办公室里还有一辆喷气式自行车，可以骑到 100 公里每小时，只要你胆大就可以。它没有任何商业价值，纯粹是消遣，但是因为它好玩，所以我要去玩。好玩的东西就危险，不危险的东西不好玩。”

后来在他的办公室里，我们看到了这辆“好玩”的喷气式自行车：与普通自行车类似，但有专门的喷气设备，车身上放了一大瓶橙黄色液体。记者问：“您会骑着这辆车来上班吗？”祝凌云大笑，说：“这哪儿行！这个车很耗油，声音也很大，骑在路上太拉风！”原来，那瓶记者以为是饮料的黄色液体，竟然是一大瓶汽油！

◎ 了解的过程，就是享受的过程

祝凌云从小就喜欢电脑等高科技的东西，虽然学的是机械工程，但他根据自己的爱好从机械跨到软件、硬件。他现在很多工作都是写软件、画电路板，所用的很多技能都不是上学时学的。

转行的过程很漫长，但对他来说并不痛苦。

从 2001 年毕业到现在做两轮汽车，13 年间，出于对高科技、自然科学的强烈兴趣，祝凌云坚持每天学一点，长期积累下来，学了很多东西。他成功转行也是自己长期坚持自学软件的结果。对他来说，也许不用“坚持”，因为兴趣是最好的老师，他只要一有空就想研究这些东西。即使现在创业更忙了，他仍然对黑洞、反引力、星系的形成等非常感兴趣，一有空就会找相关资料看。他知道也许这辈子也不可能真的去做这些事情，但有兴趣就去研究。即使完全是天方夜谭，他也有兴趣去了解。“因为了解的过程，本身就是我享受的过程。”

◎ 我就想把一件事情做好

凌云汽车团队的 4 个人中，除了 1978 年的祝凌云，其他多为“80 后”，应该也是年轻的团队吧。但祝凌云说：“相对于一般的创业者，我们算是高龄创业了，心态是不一样的。我们做事情，一定要求很稳，哪怕是做上 5 年、10 年也要坚持。不会是二十几岁时的心态，总想很快把一件事情做成。”

最初选办公地点时，云基地孵化器说可以选择上地或亦庄。很多人会选择上地，因为那里相对繁华，但祝凌云选择了郊区亦庄，因为这里人很少，很安静，可以安心做事。

他说："我在附近租房，一租就是20年，因为我就打算把一件事情做好。我有同事，举家从外地迁过来，全力投入。这和二十几岁时的心态完全不同，和那些高中甚至初中就开始创业的人的心态完全不同。"

"我是这样的人，看准一件事情，只要是自己真的喜欢，就愿意搭上5年、10年，甚至20年来做。"

在目前浮躁的社会里，像祝凌云团队这样，做好20年创业准备的，有多少人？

◎ 创业是很自然的过程

"我喜欢解决交通出行问题，但是一个人的力量不够，所以需要找团队一起来做。做到一定程度，产品要细化、要升级，需要钱，我就去找钱。团队发展到一定程度，需要有人来管理，需要财务、人力等，我就去找这些专业人才，每一步都水到渠成。"

祝凌云不会提前考虑太多的问题，他只是遇到问题后就去解决问题。"我兜里揣10块钱，就不会觉得自己穷，我就敢去闯天下。我不会顾虑太多，这是天生的。"

微博上，朋友说祝凌云的心理年龄刚满18岁。他自嘲说长得这样慢对不起父母和国家。也许，正因为只专注于自己爱好，正因为没有太多顾虑，所以才不会被自己"预想的困难"吓倒，才可以更集中精力解决眼前的问题，才敢于迎接其他人望而却步的挑战。

◎ 我不需要说服他们

"你最初是如何找到并说服伙伴们加入的？"

祝凌云说："有些是同学、同事，还有我原来做培训时的学员，还有我做手电时认识的朋友。我不需要说服他们，因为他们本身就觉得这件事靠谱，而且我从来不忽悠人。”

“当然，找人仍是我目前最大的挑战。碰到合适的人，很不容易。因为我要找的，是认同、想做这件事情的人，而不是只希望拿到高薪的人。不管是招行政、人力，我第一看重的不是专长，而是人品和对这份事业的认同。因为工作时的氛围非常重要，所有人都要抱着阳光、向上的心态做事，任何一个消极情绪都会影响整个团队。我们现在选人可以慢一些，一年后搭建成团队也可以。因为时代变了，不是公司人数越多，就越成功。例如，苹果操作系统，最初只有十几个人，安卓系统最初只有 2 个研发人员，重要的是团队要保持一定的活力。人多时，很多事情都要按流程去做，浪费很多时间。30～50 人时，效率最高，开个会就能解决问题。我希望将来公司规模在 30～50 人，我们要打造一个非常精简化的团队，每个人都很重要。”

当然，祝凌云本人也在由技术人员向管理人员转变。这对他是个很大的挑战。不管做技术还是做管理，他的动力都是一样的：兴趣。有兴趣，就去做。他也希望找专业的人做专业的事情，包括人力、法务、财务等专业人才。云基地孵化器在场地、财务、人力等方面都给了凌云智能很多帮助，打消了他们的后顾之忧，让他们能更专心地“玩儿好自己的游戏”。

凌云智能团队目前只有 4 个人，4 个沉稳、踏实的人，在一间不大的屋子里，做着一件可能会改变整个人类出行方式的事。

◎ 我从来不觉得是在创业

祝凌云认为，创业需要多方面的权衡。如果考虑稳定，不想冒险，就不要去创业。很多投资人不建议年轻人创业，因为刚毕业就创业成功率太低，会浪费很多钱，有时还会给自己留下一个很深的烙印。人到 30

多岁后，一般来说，最基本的生存应该不是问题，而且人脉和资源也相对较多。所以，他不建议刚从学校出来就创业，尤其不要为了创业而创业。

谈到他自己现在做的，他说："在别人看来是创业，在我看来这不算什么创业，我从来不觉得我在创业，只是我看好这件事情，就去做，仅此而已，就这么简单。我不是拿投资去创业，是做我喜欢做的事情，是做我的梦想。"

幸运的是，这样有梦想的团队，也遇到了有梦想的投资人。项目启动后，经朋友介绍，祝凌云接触到了云基地孵化器。云基地的田总是一个有梦想的投资人，给予了凌云智能大量的支持。还有徐小平，他和祝凌云聊了15分钟后就决定投资。祝凌云说："因为他们不完全是为商业利益，真正赚钱的伟大的投资人，都是在投梦想。"

"当你不要的那一刻，就发生了。"是不是，当你不觉得自己在创业时，别人才会真正看到你的梦想，你离创业成功就更近了。

◎ 睡在车里的日子

作为公司创始人兼CEO，祝凌云对很多事情不会考虑太多细节，但团队中有人会考虑得比较细。例如，签投资协议，有时祝凌云都不会仔细看，但团队其他成员会很认真地去找律师分析。

作为领导者，祝凌云愿意相信任何一个人，不会因噎废食。在他的影响下，团队形成了一种踏实肯干又很团结的文化。

原本计划2014年底做出样车，但9月就做出来了。祝凌云说提前完成任务也没什么秘诀，关键是有动力去做。在生产样车的阶段，最后两周，他们4个人几乎都没怎么睡觉，一直在不断改进，一直盯着，实在太累了，就在车里睡一会儿。

让他记忆犹新的是，生产样车前，他们在解决传感器工艺和相关配件的选择方面遇到了很大的困难。当时已经6月了，开始研发3个月后，车还站不起来。他们尝试了各种方法都不行，没想到，最后竟然用很古老的方式解决了这个问题。“这就如同1999年南联盟打下了美国的117飞机，是因为南联盟太落后了，用的是古老的雷达技术，波段很长，用现在很先进的技术是侦测不到的。”

可以想象他们最后解决问题时幸福又惊讶的表情。这也许是老天爷和他们开的一个小玩笑吧，奖励并启发一下这些勤奋执着的开发者们。

◎ **不久的将来**

凌云智能两轮电动汽车还在试验研究阶段，希望5年之后实现批量生产。祝凌云对这款车有着很高的期望，希望还能更智能化、更科技化。“它可以彻底摆脱充电装置的束缚，如果将来实现产品化，我希望高配版本能够实现如下性能：真正百公里3秒的加速性，最高速超过200公里，以及1000公里以上的续航能力，并且具备强劲的越野能力。”

在一次演讲中，祝凌云说：“我相信所有人都对这个有兴趣，因为汽车行业的变革具有无限想象空间。预计2016年中期打造出真正实用的车，我相信两轮汽车解决方案，相信国产汽车的潜力，相信国产汽车未来，相信中国！”

饱受堵车和PM2.5之苦的我们，相信在不久的将来，我们都能在蓝天白云下，开着这辆“梦想之车”，在没有红灯的路上，自由驰骋。

点评：享受创业是很好的创业心态，而很多创意或发明其实都是在不经意的“玩”中完成的，而祝凌云和他的凌云智能就是这样的玩家。梦想之车照进现实，的确很酷。

24 王相伟：芯合科技的“机器人”梦

创业史并不漫长、没有深厚资源和背景的王相伟，居然敢选择自主研发这条路，而且，还成功了。

总理二度转回芯合科技的展台时，王相伟有些意外。

那是2017年4月，李克强总理在山东大学考察调研，参观就业、创业、创业成果展。作为山东大学2008级校友、芯合科技总经理，王相伟携自家的智能机械臂参展。

据山东大学宣传部和新闻中心记述，听完王相伟的汇报，观看了芯合科技机械臂的高精度演示之后，李克强总理又特别转回来，询问机械臂的核心技术情况。

“那一瞬间我有种感觉，”王相伟说，“这些年的坚持是正确的。”

机器人产业链包括核心零部件生产、机器人本体制造、系统集成以及行业应用四大环节。国内在工业机器人企业，以产业链下游应用端的系统集成商居多，从国外购买零部件或者整机，根据用户需要提供解决方案。

这条路径的优势是门槛不高，能赚钱，劣势是没有竞价权，规模做不大，利润上不去。

王相伟选择了另外一条道路，一条更难的路——自主研发核心部件。

一个众所周知的事实是，国内机器人产业链上游一直无核心零部件制造商支撑，关键零部件方面仍远远落后于外国企业，因此长期受制于人。自主研发核心零部件、拥有核心技术，成为横亘在国产工业机器人行业面前的一座大山。

谁也没有想到，创业史并不漫长、没有深厚资源和背景的王相伟，居然敢选择这条路，而且，还成功了。

在工业机器人这个大跑马场里，王相伟就是一匹“黑马”。

◎ 0.01 毫米

在工业机器人圈内，几乎所有人都知道“四大家族”——ABB、库卡、安川、发那科。

凭借领先的重复定位精度，这四大家族一直占据着工业机器人的垄断地位。其中，有着百年技术积累的 ABB 凭借率先机械臂实现重复定位精度 0.01 毫米，被默认为“四大家族”之首。

0.01 毫米也成了一个标志。如果说，能否精准地做出高难度动作是跑马场上衡量一匹赛马优劣的标准，那么，0.01 毫米重复定位精度就是判断一个机器人制造公司技术水准的重要标杆。

“我们的机械臂也做到了 0.01 毫米。”王相伟说。

与许多创业者一样，王相伟的故事也颇为意外和曲折。

2009 年，王相伟还在山东大学读书，在一次四轮小车模型的制作实验中，他发现，无论怎么修改，小车始终不能按照程序设定走出完美的直线。几经排查，他终于发现，问题出现在舵机上。

所谓“舵机”，是一种位置伺服的驱动器，属于机器人的核心部件之一，适用于那些需要角度不断变化并可以保持的控制系统。简单来说，舵机就像人体的肌肉，无论什么样的机器人都离不开舵机。

“国内把国产舵机当作消耗品来买，也没有像样的研发队伍，基本都是从国外引进贴牌或仿制，质量大多不过关。”他说。

这个发现让青年王相伟既无奈又兴奋，无奈之处在于，明明知道问题出在哪里，你还说不出什么，毕竟人家掌握了核心技术。

兴奋之处在于，这不就是行业中的空白领域吗？“我当时就想，要做出性价比较高的国产舵机，不再让人家卡脖子。”王相伟说。

不过，无论从哪种角度看，做个高质量的舵机，远不在大学生王相伟的能力范围内，做0.01毫米重复定位精度的机械臂更是如此，那是百年大厂ABB该考虑的问题，离他太遥远了。

但正是当时这个决定，让他迈出了0.01毫米精度机械臂的第一步。

◎ 干柴烈火

2012年，嚷嚷着“不让别人卡脖子”的王相伟毕业了。受生活所迫，他如周围大多数人期望的那样，按部就班地找了个工作，每天过着朝九晚五的生活。

但心里那个萌生于大学时的小火苗似乎还在燃烧着。

1974年，ABB研发出全球第一台全电控式机器人并将其投入商用，开启半机械半人力的工业生产模式；进入21世纪，工业生产机械化越来越普及，全机械化生产也成为现实；2013年，“工业4.0”的概念出现，工业生产开始从简单机械化过渡到智能化，进入以智能制造为主导的第四次工业革命。

“我们已经错过了前三次工业革命，必须抓住这个难得的机遇。工业机械臂的核心技术被德国、日本企业垄断，我们发展的命脉就始终被人攥在手里。”王相伟说。

为了实现那个有点不切实际的想法，他找到几个志同道合的小伙伴，利用业余时间，窝在闷热狭小的屋子里，搞起了研究。

条件很艰苦，没有实验室，就跑去大学里，磨以前的导师，蹭空闲的实验室用。没有资金，就厚着脸皮到处借钱，再不济，大家勒紧裤腰带，少吃几顿饭。

“那时候买一片芯片要20多块钱，一个点焊错通电以后芯片就烧坏了，一天的饭钱也没了。”王相伟回忆起来，仍是苦楚。

但干柴烈火烧起来了，哪有这么容易扑灭？

很快，在第一个成型的舵机研发出来后，王相伟将目光转向另一个核心部件——驱动器，再接着，是传感器，根本停不下来。

业余时间的“捣鼓”已经不能满足王相伟的研发“欲望”。加上国家“双创”大潮的到来，2015年，他直接辞职，正式成立了自己的公司。

给公司取名字的时候很有意思，不像其他公司吵翻天，王相伟和几个创始人出奇地一致。“我们给公司起名‘芯合’，既是‘心合’也是‘核心’，目标就是齐心打造自己的核心竞争力。”他说。

◎“China，China”

因为从舵机和驱动器等起步，所以在最开始，王相伟把公司的主营业务定为提供舵机、驱动器核心零部件产品，以及院校科研用的服务机器人整机产品。

但他们很快发现，国内整个服务机器人市场并不成熟，只做零部件，不仅产品整体销量会有“天花板”，公司也很难在较长周期的资金回笼压力下生存下来。

而且，一旦芯合被打上“国产”“自己研发”“创业公司”等标签后，很多客户立马态度大变。对于国产品牌，很多人还是存在偏见。

都是两个肩膀一个脑袋，我们的东西也不差，凭什么。王相伟有些气不过，零部件不认，那我们就继续往上整机产品做，整体方案做到极致，成果展示出来，总没得挑了吧。

思考再三后，王相伟认为，从舵机到机械臂，底层的东西是相通的，那就从舵机这个底层重要部件做起，再到中间层、控制层，一步一步地掌握机械臂的核心技术。

尽管过程有些艰难，但因为有了自主研发的高质量核心部件打底，再加上理工男们有些偏执的顽固，出现一个问题就解决一个问题，从10毫米到1毫米，一切都是水到渠成，最终，在这种偏执的顽固下，芯合科技第一台0.01毫米精度的自主知识产权机械臂问世了。

2017年4月参加的山东大学创业创新展，成了这台机械臂的第一个秀场，在现场，它画了一幅极为精细的俄罗斯城堡图，让不少观众误以为是一张真实的照片。

更绝的是，王相伟说，在一次展示中，他们还让它进行了一场“针尖对针尖”的表演，两只机械臂的末端同时捏住一根针，同时启动，最后针头竟毫厘不差地对在了一起。

“我们能做出重复定位精度0.01毫米的机械臂，是很多大厂没有想到的。”王相伟说，“我把我们的机械臂带到德国汉诺威工业展，很多大公司主动围过来跟我们交流，听他们口中说着‘China，China’，那种自豪感简直难以言表。”

◎“核芯”竞争

达到重复定位精度0.01毫米的水平，让王相伟和他的芯合科技尝到了成为“黑马”的喜悦，更激起了他实现“一马当先”的热血。

在他的规划里，芯合科技不能甘于做一个项目公司，而是要在现有基础上，打开国外市场，成为一个能享誉国际市场的国产机器人品牌。

只是，在国产工业机器人这个跑马场上，奔跑的赛马何其多，有的久经赛场，有的初出茅庐，都有着对成功的热血渴望。

工信部统计的数据显示，在政府补贴和税收优惠等方式的带动下，目前我国涉及生产机器人的企业超过800家，其中超过200家是机器人本体制造企业。

王相伟想要超越大大小小数百家公司乃至顶峰的四大家族，他能做到吗？

“对接下来的‘核芯’竞争，我们有心理准备，也有研发准备。”王相伟说。

他向记者提供了这样一组数据：2015年全球工业机器人市场产值为360亿美元，到2020年该领域全球市场的复合年增长率将达到12%，中国市场的这一数字则是14%。

王相伟认为，这么大的市场不应该由四大家族独占。“它们的产品质量自然没得说，但存在的问题也很明显，就是贵。不是所有的企业都能负担得起如此高的作业成本。”

从这个角度出发，王相伟把公司接下来的发展定义为“性能之战”。在他看来，芯合科技在技术上已经有一定优势，产品价格是进口同类产品的1/3，传统国产的1/2，只要一步步稳扎稳打，不愁没有胜算。

“这一点，我很有信心。”他说，而且，接下来是机器人智能化的时代，我们也有“核武”级别的技术研发储备，不过现在还不是拿出来的时候。

点评：无论遇到怎样的艰难困苦，都永不放弃，只要一步步稳扎稳打，不愁没有胜算。这是一种技术出身的“死磕”精神，而这种精神往往是制胜法宝。王相伟的机器人“国产梦”给人以启迪。

25 杨松：胸怀为生民立命愿景的海归创业者

撬动万亿级市场从提升人们的生活环境品质做起。

每年，中国创业者都会引爆几个百亿、千亿级别的市场。

很多人说，在欧美创业明星抬头仰望星空的时候，中国互联网从业者还在围着餐桌和购物打转。硅谷和以色列 VC 投资商业太空计划、云服务，中国投资人抢夺的是外卖、电商和快递公司。虽然有失偏颇，但也不得不说有些许道理。

不过现状总在不知不觉中改变，在中国北京上地信息路，以创业命名的中关村创业大厦，每天清晨都会聚集一群人，他们目光高远，却又脚踏实地。他们胸怀中国千万家庭的健康生活，以实际的行动撬动万亿级别市场，他们的目标朝向未来 5 年、10 年人们的生活方式的改变。北京王府科技，就是这样一家引起笔者兴趣的创业公司。

◎ 用手机驱动新风，吹入家庭、学校、办公场所

提起王府科技，名字相当大气，深入了解其公司的产品，才明白这其实是一家以智能家居为主打产品的科技公司。

“我们上楼到我那儿体验体验。”初入其公司，这个公司的装修与其他公司似乎没什么不同，但后来经杨松介绍后，当办公室和住所邂逅智能化，一切都在悄然地变化。“处处留心皆学问，练达生活是文章。”

步入王府科技公司正门，杨总键入一组密码，电子锁正门即刻打开，一进门，正对着门的上面装着一个摄像头，平时办公室有人的时候，摄像头可能起不到太大的作用，但是一旦下班之后，这个摄像头就成了智能管家安全员，它可以实时监控办公室的进出，并生成数据，第一时间传递到主人下载的 APP，可以随时方便观察到办公室的情况，假如遇到意外情况发生，摄像头联通的手机 APP 终端便会发出警报声。

这还不是稀罕事，因为摄像头已经走进大家的视野和生活，在星级酒店和公共场所都装有摄像头，能够让大家看到，而接下来，杨松给我们展示了更多智能化功能的产品，例如，窗帘也是可以通过手机 APP 操作升起降下，灯具也可以遥控，电视上可以按照主人的意愿进行手机遥控，更神奇的是，所有这些操作通过一个 APP 就可以操作完成。

“我们就是通过智能化工具把办公室和家居以及学校的设备通过一个 APP 来完成操作。这样做的意义就在于避免多个遥控器，也不用下载很多 APP，现在大家手机的界面 APP 容量有限，而智能家居只要一个就可以完成实现物联网了。这就是物联网给大家带来的便捷。”

不仅如此，最重要的就是室内的空气湿度和温度、PM2.5 及甲醛浓度也可以通过传感设备动态检测出来，并进行实时净化，新风、空调及加湿器精准启动控制，根据人体的需要，达到干净、舒适的生活环境空间。

现在，人们对周围环境的控制要求越来越高，很多人觉得在污染的环境中是一种无奈，但当看到自己的孩子每天在室外污浊的空气中跑来跑去，人们的紧张情绪就达到了顶点。王府科技的愿景就是希望能够解放大家，让大家放松紧张的情绪，把自己、家人、孩子的生活环境交给王府科技提供的科技产品。用手机随时可以看到办公、家庭、学校的环境都是经过处理、干净、洁净的。相信很快，周围的环境就会有根本的改善，而人们的生活也会越来越舒适、轻松。

◎ 云端与硬件结合的黑科技

“王府科技真正的技术实力不仅仅体现在简单的手机 APP 控制，”杨松介绍说，“真正的高科技，在看不到的云端。”

王府科技通过自己的硬件产品，实现了家庭环境的分布式集中控制。能够真正实现家庭环境在安全的前提下，根据主人的使用习惯自动运转，并且是可以根据不同的房间进行单独控制的。“这才是王府科技实现的别家做不到的差异化高科技。”

例如，当你的房间刚装修完，这时候你的室内甲醛排放含量一定是超标的，而这时候，你需要更多的新风来把挥发物带走。经过半年左右，可能这时候雾霾又严重了，这时候，你需要更多的室内空气二次循环来降低 PM2. 5 的数值。而在王府科技提供的技术之前，这只能靠用户凭感觉，或者自己购买专业设备来测试。王府科技提供的产品，让一切都在云端自动检测、设置、实现。不知不觉中，你的家庭就享受到了王府般的空气效果。

再如，当会议室中会议进行得热火朝天时，室内二氧化碳浓度提高，人就会犯困，降低工作效率，甚至影响决策。这时候，王府科技的产品能够让这个房间的新风量增大，并不会影响其他办公室的温度。

还有很多很多的场景，是只有王府科技目前采用的架构才能够轻松实现的。“所以，当我们发展得越来越大，就能够服务更多的用户，让更多的人体验到王府的舒适。”杨松说着说着开心地笑了。

◎ 把超五星级酒店的智能化设备搬进家居和办公所

过去智能家居的概念炒得比较火，实际上只是简单的应用如灯控和窗帘，而大面积的推广还远远不够，相对来说，超五星级酒店的智能化程度相对要高一些。而把超五星级酒店的智能化设备搬进家居和办公所，成为王府科技的使命。

老百姓家中的“王府”，之所以选择这个名字，杨松认为，以前只有帝王或有身份的人才能住在王府里，享受各种最好的服务设施和管家，戒备森严，而那时还没有智能化设备的出现，现在经过科技的飞速发展，原有的很多管家服务都可以通过智能化物联网实现，也就成了能够走进千家万户、造福百姓的好事。

“由于我以前有过跨国 IT 行业任高管的经历，让我对智能家居有更多战略上的思考。”杨松介绍道。杨松早年于美国留学，毕业后在跨国公司任高管，积累了丰富的管理经验和国际化视野。他谈到，其中有家做智能手机的大型跨国公司企业也看到了智能手机的未来，但可惜的是，当时这家公司看到了，却由于自身的战略布局做不到。所以苹果公司抢占先机，夺得了市场份额。而物联网和智能家居目前也是这么个阶段，很多人都看到了物联网和智能家居的前景十分广阔，但是谁能从这个市场获得巨大的成功，就看谁能抢占先机，把握好机遇。而王府科技就是这样的挑战者，正所谓“天时不如地利，地利不如人和”。

杨松是个有情怀的人，他选择归国创业就是这样的具体表现。事实上，他早已功成名就，“要是不创业，也能生活得很好了”。杨松笑着说，而选择创业，在于他希望能够造福百姓，做更多有意义的事情，能够通过产品给千家万户带去健康的环境和节能安全的舒适环境是值得追求和福报的事业。他的公司现在有30多名员工，他希望一年后能达到50多名，目前他还在不断地招兵买马。

创业是个艰苦的过程，一路上，结识很多志同道合的朋友和合作伙伴，大家一起抱团发展，共同面对困难，比自己单干要有力量得多。目前，他的公司经常有各地政府的官员来参观，这是个无形的广告价值，让王府科技的知名度得到了很大的提升。而前不久芬兰原总理到访王府科技，无疑给他们增色不少。

◎ 社会主义新农村建设智能化工程试点

对于未来市场和战略布局，杨松采用“两手抓”的战略，一方面，针对城市化进程，专注于城市商业地产的大客户，充分挖掘办公场所和高端家居的需求；另一方面，他把视角悄悄地瞄准了刚刚发展起来的农村自建房和智慧农业方面。他甚至认为，后者的前景会比前者市场更广阔。

“农村现在存在‘空巢化’的情况，而我们的云端服务，能够让农村用户在家庭中轻松实现对于自己的大棚和牲畜的管理，包括浇水、施肥、喂食、增加光照和通风。”而对于有人担心农村是否有这个消费力的考虑，杨松说农村并没有那么强的新风的要求，而对于控制的要求更高，这正是王府科技灵活、模块化的配置能力能够解决的。而真正能够节约人力，提高收益的效果，相信这正是很多农村家庭需要和希望寻找的。

当然，前面提到的，农村的学校引入王府科技的产品，也能够让学校管理更加方便，让农村的孩子能够享受到城里孩子享受到的便利和环境。

针对南方农村和北方农村，杨松经过调研，发现珠三角或长三角可以作为社会主义新农村建设智能化工程的试点，因为相比较而言，这些地区的经济发展相对较好，应用科技化、智能化的程度也较高。另外，他认为这些沿海城市的新兴农民意识比较国际化，能够较好、较快地接受新鲜事物，教育成本大幅度降低。

“当前国家正在倡导和建设社会主义新农村建设，我们王府科技希望能借助国家政策的东风，为社会主义新农村建设智能化工程添砖加瓦。这也是我归国创业的梦想。”杨松情不自禁地说道。

◎“前途是光明的，道路是曲折的”

物联网和智能家居的未来发展空间虽然很大，但目前面临具体的现实问题还需要更多人去解决、去论证。王府科技在智能家居领域能够跑出来，成为行业的标杆，尤其是在社会主义新农村建设智能化工程，能够独树一帜，取得巨大的成功，也是一个标杆性的探索。

放眼国家层面，量子卫星、超算中心代表了中国科技力量的雄心壮志。而北京王府科技有限公司，代表了中国普通创业者的为生民立命、为天下开太平的愿景和决心。

中国创业者将不仅仅改变中国城市人群的生活，而且将影响广大农村市场，甚至在未来将真正改变人类的生活和生存方式，让人们生活得更绿色、更环保、更健康、更节能、更高效。

点评：胸怀为万民立命，这是博大的胸怀。杨松放弃了安逸，选择了“折腾”，令人敬佩。王府科技走进千家万户，以技术的改进迭代带动内需，实现住宅的消费升级，打造老百姓家中的“智能王府”，让我们拭目以待。

26 时有龙：做能源节能的“领头羊”和“大虾”[①]

致力于全生命周期能源管理运营服务。

时有龙，一个地地道道的“海龟”，2014 年从美国西南部的得克萨斯州州立大学念完 MBA，曾在世界 500 强施耐德公司担任过能源管理岗位工作，回国后来到首都北京。能源自动化业科班出身的他，意识到中国的环境问题是个很好的切入点，他从自己的专业角度和工作背景出发，对比中外 GDP 和耗能数据，他提出了想创立一家立足中国、面向世界的行业标杆的公司，其定位为全生命周期能源管理运营服务——立志做能源节能的“领头羊”和“大虾”。

◎ 梦想照进现实

2014 年 6 月，时有龙如愿以偿，梦想照进现实，正式创办了国网

① http：//bbs1. people. com. cn/post/129/1/2/159810502. html，人民网，2017 - 10 - 19.

木星有限公司。当时在望京办公，他马上意识到创业是一场孤独者的旅行，周边人群很难懂得他的行业，更难得有机会和同行交流。公司从无到有，孤军奋战。

目前，他们开发了软件平台，可以根据企业的需求来灵活定制解决方案，如中石油、中石化和腾讯、阿里巴巴大数据产业中心等大客户都在运用他们的软件。他和他的团队在短短几年时间，业务量突破年收入近5000万元。而来到海淀创业园后，更是获得园区领导的重视和很多的支持。他们获得天使投资后，进入A轮融资阶段，园区又给他们介绍对接了诸多优质的投资人和投资机构，这让时有龙非常感动。

从创业最初的几杆“枪”，到现在有3个合伙人、30多名员工，在北京、长春、沈阳、西安建立了办公室，时有龙觉得很有成就感！他认为，这些成绩的取得得益于他的独门秘诀“法宝”——能源统筹法。他介绍说，他在读书的时候，数学比较好，而他发现在能源节能方面同样可以适用统筹法。为此，通过算法，他可以为客户每年节省不少钱。时有龙认为，统筹法不仅运用于企业能源管理，还包括日常生活的方方面面，例如，采访时，就约法三章，不超过4点就结束，因为他还需要赶往下一场赴约。而在采访前，他又与园区其他同事做了短期的沟通。例如，某一次出差，去南京、苏州、上海和杭州，他会提前做个方案，做好规划图，寻找最佳组合。对于未来格局和发展布局，时有龙的战略是稳扎稳打。2017年，在国内京津冀开拓市场；2018年，开发长三角市场。而华南市场离北京较远，所以等时机成熟后再去拓展。至于国外市场，则顺其自然，等条件成熟后，可以考虑与国外机构一起合作落地。

◎ 素质比能力更重要

“微风不是时时有”，他公司的发展也不是一帆风顺的，也曾遭遇过一些波折，比如他的公司在运营过程中，就遭遇过资金瓶颈。他也有过焦虑，不过他认为解决的方法总比问题多。作为创业者，要学会调适自己的情绪和心态。为此，他在投融资方面和身心健康调适方面给出了一些良方和温馨小贴士：“公司遇到资金困难的时候，一定要保持冷静。平时生活中一定要有知心朋友，而不是酒肉朋友，那么在遇到困难的时候，就会有朋友愿意鼎力相助。三五十万，甚至不用有任何借据，这就是朋友之间信任的力量。”在他的生活圈中，时有龙一直是一个值得信赖且靠谱的人。

“信人显己之诚，疑人显己之诈”，那么这份信任的得来，时有龙是怎么做到的呢？他说信任既是一种素质，也是一种能力。平时他对朋友都能坦诚相待，其实每个人都很聪明，所以要真诚地对待每个人，是他坚守的做人做事的原则。而“真实就是永恒”，总在不经意间，他与伙伴们就建立起了很好的友谊。而他喜欢踢足球，他的角色是中场，以前初创创业很忙碌，也没时间锻炼，而现在他坚持每天锻炼 20 分钟，无论是场内还是场外。到了海淀创业园后，他发现该园区还组建了足球队，这让他兴奋不已，于是他欣然加入到足球队和大家一起锻炼。每周二，他与园区伙伴们一起到联想那边的足球场去踢球。这也是海淀创业园与其他地方不一样的。此外，对创业者，他提出忠告，身心健康是很重要的，所以踢足球和锻炼之后，他还经常听听音乐，保持轻松的心情。在融资方面，他也提出了中肯的建议：“创业者对于投资人也要进行甄别。哪些钱可以拿，哪些钱不能拿。因为这是一个价值观的问题。这方面也是创业者在融资方面经常会遇到的坑，尤其是在缺少资金的时候，容易盲目，所谓饥不择食。他说，越是这样，越要冷静谨慎，避免以后带来不必要的麻烦。”

◎ 关于企业文化，时总有话说

企业文化是企业发展之灵魂，一个企业，如果没有文化，是走不远的，而时有龙深深懂得企业文化的力量。时有龙向我们详细谈到了他们公司的独特文化，“FACE”笑脸，F 代表“FAMILY”（家庭），A 代表“ACTION”（行动），C 代表“CONSISTANCE”（坚持），E 代表“EFFICIENCY”（效率）。他觉得作为公司，必须要有自己的企业文化，这样才更有凝聚力，企业才会走得更远。他这样说了，也这样做了，如在企业文化的塑造上，他会记住每个员工的名字和生日，在他们生日的时候，给员工送上蛋糕和全体公司员工签名的特殊礼物。有一次，一个员工的母亲做手术，他就帮忙联系找医院，安排床位，给员工提供帮忙。“患难见真情”，他尽量用心地对待员工，为兄弟们多提供些支持，形成企业凝聚力。“一个好汉三个帮”，时有龙不仅是懂得生活的企业家，也是懂得团队管理的生活家。在工作之余，他经常到西藏等地去游历，丰富生活。他通过自己的智慧把生活、健康和工作都兼顾得比较好，这也是需要大家学习的。

点评：从时有龙身上，我们能感受到一种信任、爱心、睿智以及大将风范，那么对于未来的发展，他显然有自己的梦想并踏实地将其进行到底，祝愿时有龙和他的团队越来越好，基业长青。

27 李忠凯：绿竹照明　精忠报国　关爱您的眼睛

◎ 放弃博士学位，追逐创业梦想，精忠报国

在家中，李忠凯排行老三，大学的时光可以说是在无忧无虑中度过的，大学毕业之后，在父母和兄长的安排下，他去了法国留学，念了直博。他的个性也算是外向，在念国际学校的时候，出色的演讲能力让他竞选上了学校的学生会主席，继任学生会主席的那一年，他所组织的文艺晚会是学校历来最棒的一次，为此，国际学校校长还赠送了一本价值300多欧元的彩色的法语书籍作为奖励。正是因为他学习的态度和做事风格，获得了所有老师共同签名的大学推荐信（在国外一般老师是不会轻易写推荐信的），别的同学申请学校都比较费事，而他却很容易申请到了学校，并且还收到了很多所学校的录取通知书。

虽然家庭的条件让他在国外念书没有什么压力，也算过得去，但是在国外几年他的生活费、学费、购买二手汽车的费用，都是通过自己的兼职挣钱获得的。他觉得自己已经是一个成年人，不应该再让父母操

心，而且应该早日毕业回国，回到父母身边，早日撑起这个家，替父母分忧。这是他的情感之所在，也是理想抱负之所在。于是，在征得父母的同意之后，他决定放弃攻读博士学位，拿到硕士学位后，就回国创业。

◎ **绿竹照明　光爱孩子的心灵**

回国创业到底选择什么好的项目来做呢？他为自己初步规划了两个方向，一是生态农业领域的项目；二是节能环保领域的项目。所谓眼睛是心灵的窗户，只有窗户明亮，才能看得见外面的精彩世界，才能看得更高、更远。最终，他选择了做节能减排的好灯具，从灯具的灯光入手，用光来关爱我们的“心灵之窗”。

“宁可食无肉，不可居无竹”，这是出自宋代诗人苏轼的《于潜僧绿筠轩》。灯光是人们生活、学习、工作必不可少的一个物品。竹子是一年四季常青之物，可想而知，竹子的生命力是有多强，适应性有多强，说实话，他很喜欢竹子，尤其是竹子那种坚韧不拔的韧性以及那股毅力，故而给公司命名——绿竹照明。在他创业初期的第二个年头，正为着自己的理想而努力拼搏时，也迎来了人生的另一个完美转变，他升级做爸爸了，孩子的到来，让他更加有动力，加快了继续前行的步伐。

孩子1岁左右会咿咿呀呀说话的时候，每天晚上孩子躺在床上，夜里起床给孩子换衣服尿片的时候，孩子总会用稚气的语音哭闹着一边说“咣咚，咣咚”，一边又用手遮住了自己的眼睛不让光线照射。小的时候总是听家乡的老人们说，刚刚出生的宝宝一般都不让太强的光直射。看到家中的小宝宝，他当时就下定决心，要做针对宝宝刚出生一直到走入校园的一系列个性化灯光产品。虽然我国是全球灯具制造大国，但很多灯具都仅仅是点亮的功能而已，并没有注重婴幼儿童及青少年成长发育过程中的“用光情感”问题。所以，李忠凯给公司定了两个主要发展方向，将两大主营业务用“光爱宝”和“蝠翼”进行命名，并注册申请了商标。其中，“光爱宝”的用户群体为宝宝，“蝠翼”的用户群体则为学校的学生。所以，他的团队将“光爱孩子的视界”作为企业使命，团队奋斗目标是将绿竹照明打造成为婴幼儿及青少年的用光第一品牌。

◎ 小有收获　坚持就是胜利

他是一个敢想敢干敢闯的人，既然选择了，就要努力不懈地坚持到底，决不轻言放弃。在创业的这几年，他设计的“光爱宝”产品获得了中国制造之美优秀奖，获得了中国制造网 10 万元的公益奖励基金，被中国制造网免费带去全球各大知名展会上巡回展出。“蝠翼”灯具技术参数入编进国内权威手册《照明设计手册》第三版，该手册云集了国内、外知名品牌的各种灯具的优秀技术参数。公司反射式灯具和北京交通大学照明改造项目进入北京市 2017 年度《节能低碳技术产品及示范案例推荐目录》。这些小成就的背后，靠的就是“坚持”二字。

◎ 致力公益　成就未来

“努力拼搏，放飞梦想”，这是作为“85 后”的一代所倡导的一个理念。

2016 年的金秋十月，他们怀着对老一辈无产阶级革命家的敬重之心，重走长征路，来到了“四渡赤水”的赤水大同小学，用“蝠翼”学校灯具为该小学捐赠了一批优质的照明灯具。每当他看到孩子们纯真的眼眸，看到越来越多的人关注他们，这让他很是欣慰。回想这一路走来，有跌跌撞撞过，但他还是坚持走了下来。绿竹的未来发展还是要放宽眼界，不仅仅局限在一个地域，要让更多的国人都受惠，要把他们的“中国造”冲出亚洲，走向全世界。这是“绿竹人”的愿景，智造全球一流的舒适光感，响应“一带一路”的好政策，创新成就未来，诚信缔造伟业，打造绿竹环保健康的灯具，引领独特舒适照明的先驱者，以最低的能耗，实现最好的照明效果。做绿竹人的新时代先锋，从光爱您的眼睛开始。

点评：放弃也是一种选择，更是一种智慧。“富二代”的李忠凯没有选择优越，而是奋斗与挑战，在坚持梦想中不忘初心，坚守公益，难能可贵。懂得了放弃，才更懂得珍惜。

28 管祖光：报效祖国，科学之光

我从北欧归国，到中国华北。

说起“泛测环境”，可能大家比较陌生，但如果介绍说这是与环境问题包括雾霾等相关数据收集、分析和监控等管理，大家肯定就能理解了。泛测（北京）环境科技有限公司是一家由海外留学归国人员创办的高新技术企业，团队成员主要由环境监测仪器、环境信息化和环境科学研究等方面的资深专家组成。2015 年 9 月，在海淀创业园经过评审入驻园区，经过 8 个月的发展，2016 年 5 月实现盈利，从无到有，从小到大，那么泛测环境究竟有什么异于他人的法宝，而他的创始人究竟为何方神圣呢？泛测环境公司创始人管祖光是“80 后”的科学家，浙江大学和瑞典隆德大学双博士，因其在环保领域的突出成绩而入选国家“万人计划”青年拔尖人才，在创建泛测环境之前，曾就职于国际顶尖的大气研究机构挪威空间中心和国内著名的环保上市企业，并担任重要职位，专门研究代表环保行业发展方向的前沿技术。其他合伙人在环境监测和环境信息化领域从业多年，带领团队成功完成过多个研发项目，具有极丰富的行业经验。

此外，公司通过与中国科学研究院、中国环境科学研究院及北京大学等高水平科研院所合作，引进青年精英，在公司内部建立高水平的专业研究团队。泛测环境致力于打造一支真正能监控和解析雾霾形成过程，并为科学治霾提供数据支撑的技术团队！相较过去而言，泛测环境的科技是颠覆性的创新，可以在中国环境治理方面为国家做出一定的贡献。

◎ 回归科学家精神：环境物联网改善生活

从互联网，到移动互联网，到物联网，各行各业发生了日新月异的变化，而环境物联网则是基于物联网，收集大数据，与其他同行相比，泛测环境的数据能做到更高、更精、更准。目前市场需求比较大，已逐渐打开市场，与各级地方政府积极探索开展相关的研究和合作。正如钱学森那个时代的科学家一样，管祖光博士也放弃了国外的高薪和优厚待遇，而回到祖国，投身于当前国家正面临环境污染的严峻现实，应该说，他做这样的决定是艰难的，但他并不后悔。他希望自己的所学能够被运用到当前国家的困难和实际问题中，这里正是能够施展才华和空间的大舞台，同时他希望通过环境物联网改善生活。

◎“医生和病人在一起才能体现医生的价值”

这是管祖光在瑞典隆德大学读博士时导师给他讲过的一句话，他的导师是原诺贝尔物理奖评委主席，瑞典两院院士 Sune Svanberg 教授，是国际知名的物理学家。而管祖光是他的关门弟子，正是这句话，让管祖光意识到他必须回到中国，目前国家遭遇的严峻环境问题正是他可以大展宏图的大舞台和历史机遇。

以前，每个省市地方都会建立城市空气质量监测的站点，每个站点的建设费用在100万元左右和维护费用10余万元不等，而目前泛测环境开发出集成的小仪器，既可以同时监测传统空气站的6项污染物，又大大地节约了成本，数据质量可控，通过密集布网能够准确监测到污染物的来源。这让很多地方政府非常看好，当前已有15个城市签约和应用泛测环境的产品，从南到北，从东到西，国内很多城市都在布局和应用试点。

◎ 从“体温计”到“CT机”

管祖光形象地比喻：传统的空气监测站更像是“体温计”，只能监测到环境有没有生病，但具体什么病因病源并不清楚。而泛测环境的产品更像是“CT机”，那么通过CT机的扫描，可以准确地定位污染源在哪里，主要成分是什么，进而分析数据，采用相应的措施和办法。他举例说，目前大家了解到雾霾成因可能是由煤、汽车尾气排放、烧秸秆、工业排污等组成，所以城市采用限行车辆等做法来治霾，但是并不能从更细的方面去精准到哪个区哪个街道哪个方面的污染物比较严重，从而可以更精准地采用区域限行或其他有针对性的举措。如今，泛测环境还在技术研发上下功夫，借助科研的力量，可以开发出更多、更好的设备和产品，不仅能够精准地监测到数据，而且可以做更准确的分析，精准定位污染来源，进而能够从根本上解决问题。

◎ 插上腾飞的翅膀

管祖光回国之初，他就笃定首都就是能够实现他报效祖国、成就梦想的地方。这里不仅有创业苗圃，还有政府提供的各种完整的孵化服务体系，同时还能帮助我们打造各种类型的中小企业微生态圈。从创业苗圃，到孵化器，到加速器，这些都为泛测环境提供了大展宏图的空间。从最初入园，到注册公司，所有的注册手续办理，到入住租金优惠政策，到业务拓展，宣传等方方面面的支持，体现得无微不至，这对于技术出身的科学工作者来说，无疑节省了很多宝贵的时间。可以说，这些帮助是雪中送炭的，对此，管祖光表示很感激。泛测环境的未来战略规划分为近期、中期和远期目标。2017—2018 年上半年，在短短一年半内，力争在行业内有品牌认知度和知名度，市场排名至少前三，市场占有率要上一个新台阶。中期目标是在未来 4 ~ 5 年，力争成为上市公司，对内财务要规范，对外要细分市场，环境精准监测领域要成为榜首。从远期目标看，针对人的舒适、健康、安全的大数据都是环境大数据，基于以人为本的理念，力争成为全球最成功的环境大数据服务公司。

◎ 人生遭遇的一次大考

比起他的创业顺风顺水，管祖光遭遇了一次人生的大考，这差点动摇了他选择回国，自主创业的梦想，事情的原委是这样的，就在 2015 年创业有起色的时候，喜上加喜，管祖光迎来了他升级为父亲的好事，可是令他揪心的是，孩子出生后，被医院检查出肺炎，他与妻子商量，要不还是回欧洲吧，虽然放弃了国外所有优厚的待遇和良好的环境，选择回国实现自己的梦想，可是在孩子健康的问题上，管祖光还是不敢马虎。幸运的是，孩子的肺炎在医院的精心治疗下，逐渐好转，现在已经恢复了健康。于是，管祖光想：我不能只为了自己孩子的健康，而让更多的孩子无法获得健康。我现在得到国家很好的培养，至少达到了中产阶级，也有出国的选择，但是更多的家庭没有这种选择。管祖光说当他在医院看到许多像他的孩子一样患有肺炎的儿童那种痛苦的样子，他坚定地选择留下，这里才是最需要他的地方。

“创业难，守业更难。”每家创业公司都有自己的经验，而泛测环境无疑是应天时、地利、人和，无论是国家和政府层面的政策利好，还是民众对呼吸健康的关注，我们都可以预见其未来的发展前景是很广阔的，而管祖光的故事只是千万个科学家中的一个代表。

点评：越是环境艰苦的地方，越是科学家奋战一线的阵地，甚至置生命安危于度外，这在常人眼里是难以理解的，而对于科学家而言，他们的想法很朴素，就是希望自己的学术领域和学术成果转化能够造福于更多的老百姓。在当前的时代，我们需要反思我们究竟需要什么？管祖光的故事，正是我们党和国家亟须弘扬的科学家精神。让这种精神引领我们走得更远、更好、更顺畅！

29 王盛林：有了想法就去做

实现从 0 到 1 的不断突破与创新。

北京创客空间位于中关村梦想实验室 4 层，拥有超过 1000 平方米的活动场地和 300 平方米的原型加工基地以及完备的加工设施与设备，是亚洲规模最大的创客空间。作为创始人兼 CEO 的王盛林，为一群有想法的创客们提供了一个汇聚的平台，用实际行动阐释着“创客运动”的精神所在，他希望通过创客空间这个平台，为具有创新精神的人提供实实在在的帮助，推动中国的创新文化，培养中国人“创新的自信”。

◎ 有了想法就去做

作为一个“80 后”的年轻创业者，王盛林是国内最早的一批“创客”，本身就是一个既有想法又有行动力的人。他的经历非常丰富，不论是设计服装、教授英语还是电影后期制作，每一项新奇有趣的工作他都愿意尝试。王盛林说，自己从来都不缺乏想法和行动力，只要是自己感兴趣的，就一定会去尝试。

2004—2006 年，知识共享渐成潮流，将创意点子从脑子“搬上”桌子不再只是几个原创者的专利，越来越多的原创者愿意通过网络公开的方式分享创意，创客运动开始走向世界。创客倡导的“开源合作，把想法变成现实”的理念，与王盛林的性格不谋而合。他表示：“我在高中时就一直希望有一个开放的平台能让大家实现自己的想法。”

◎ 用开源的思维突破每一道关卡

王盛林希望通过开源的方式，即技术、资源共享的方式，为个人、企业和创业者提供不同类型的帮助，从简单地提供工具和场地，到设计、技术、市场和生产等各方面协助，帮助创客们做出心目中理想的产品。

王盛林表示，有些创客创作的初期产品，在功能上已经成型，但苦于没有很好的外形设计，无法将作品推向大众市场，或是作为开源硬件被更多的企业利用。在开放平台上，大家会帮助他设计产品外观，甚至开发出丰富多彩的、好玩的应用。就像个人使用的笔记本，一定要够轻薄、接口够丰富才能满足个人移动办公和不同办公场景的需求。同样的，一个开源硬件作品也要内外兼修，能够支撑足够多好玩的应用，才能成为一款社区化的产品。

◎ 从 0 到 1 的过程

2011 年，王盛林和几个志同道合的朋友在北京宣武门附近租了一间 20 平方米的房子，这是北京创客空间的前身。通过 BBS 发帖，他们每周都会召集一些同样爱好设计制作的人，享受动手创造的乐趣。

王盛林认为，任何事情都是一个从 0 到 1 的过程，创业也是如此。当人们踏出第一步，习惯了从 0 到 1 的过程，创业就会变得很简单，这与出去旅游的道理是一样的。

创客空间在很长一段时间内一直没有找到自己的商业模式，创客的产品也多是出于自身爱好兴趣生产的，商业价值较少。与此同时，创客空间遇到了所有初创公司都会遇到的难题——资金缺乏；雪上加霜的是，创始团队中的一些成员也因为各种原因陆陆续续退出空间的运营管理，创客空间的发展陷入困境。

◎“一根筋”打破困局

2011年下半年，王盛林为了改善创客空间的经营现状，想到要办一场大型的创客活动。为此，王盛林带领团队，找寻格式方式，联系世界各国的创客，邀请他们来参展；最后一个月王盛林每天都只睡3小时，甚至几天不睡觉，终于找到了七八十个项目；最后拉赞助、找媒体，结果在资金上又遇到了坎，还差五六十万元，王盛林就把父母准备给他买房的60万元拿了出来。

60万元对于当时的王盛林来说不是个小数目，而那时对于创客活动的结果完全是一件未知的事情，王盛林现在回忆当时的情形，表示自己真的是没想那么多。他觉得很多创业的人都挺一根筋的，或者是挺没心没肺的，或者什么都不想。有的时候当你真的想多了，问题太多了，你总是有一堆问题。而当时的王盛林就属于什么都没想，然后运气很好的那种，就像《阿甘正传》的主人公一样，他觉得办一场创客活动好就做了，最后还没有特别赔钱，结局算是圆满的。

2012年4月，“创客嘉年华”在北京世纪坛数字艺术馆拉开序幕，3天的嘉年华中，吸引了17个国家的创客参加。这场“嘉年华”不仅让更多的创客相互结识，也让“创客”概念第一次为大众所认知。这一活动令包括北京市科协、教委等在内的政府机构注意到这样一群有创意、爱硬件的年轻人，纷纷提供经费资助。

拥有了资金、场地和关注度的创客空间，它的商业模式也逐渐清晰起来：组织创客群体、做活动、做孵化和做教育。现在北京创客空间除沙龙和固定活动之外，日常的一大部分工作就是接待各种各样对创客感兴趣的群体，包括很多地方来的政府官员。王盛林说，政府部门的人对于科技、创新的态度比他们预计的要积极很多。

◎ 继续创造全民创客的氛围

为创客们搭建创意思想碰撞交流的平台只是第一步。为了更好地服务创客群体、满足其个性化需求，在提升硬件设备的同时，北京创客空间不断拓展开放式活动——产品设计辅导、创客小聚、创客工作坊、创意教育、创客学院。截至目前，他们先后举办了“创客马拉松”“创客嘉年华”以及创客行业沙龙与培训109场，为上万人次提供创新创业服务。

“让每个创客都可以站在巨人的肩膀上继续创新。”王盛林说，这是北京创客空间的梦想，他们也在持之以恒地为之努力着。2015年，王盛林着手调研成立创客未来学院的可能性。他表示，随着时间的推移与经验的累积，创客空间会变得越来越标准化，“研究什么才是更好的创客思维，怎样才能形成一套标准化的空间运营、活动、培训体系”。

创客空间将在深圳、香港多处布局设点，希望通过一套体系都关联起来，增加相互间的联动。此外，对于创造全民创客的氛围来说，创客空间的课程和教育也会陆续展开，无论是只做一名普通的创客享受简单的快乐，还是怀揣着创业的“野心”，或许，就像北京创客空间的口号那样：想法当实现。

点评：从0到1，有了想法就去做，体现了行动力。而有了想法，一根筋，体现了坚持力。做企业难，做孵化器更难。王盛林也是创客，更是创客背后的创客。创客教育的路不好走，但就像北京创客空间的口号那样：想法当实现。

30 宋元：自然农法的践行者

微妙军团让农业回归自然。

微妙军团，一个自然农法的具体实践者，从无到有，从小到大，逐步在新农业的征程中崭露头角，如同冉冉升起的明星，从央视《创响中国》，到《农业科技报》再到《中关村杂志社》等媒体，都关注过这家新兴的农业公司，那么，这究竟是一家怎样的公司？他们究竟有何秘诀呢？

自然农法理念源自我国古代老子道家的“道法自然”的理念，讲求依循大自然法则的农业生产方式，以维护土壤生机的土壤培育为基础，种植过程不使用任何化学肥料、农药和各种生长调节剂，以及任何有残害土壤的添加物，以获得高品质的健康安全的农产品。而微妙军团研发的服务于农业生产中的自然农法管理模式的微妙军团系列产品，是新一代食品级生态农资，也是传统化肥农药的替代品。

◎可以“喝”的化肥农药替代品

如果一瓶化肥农药摆放在您面前，让您品尝一下，您敢品尝吗？答案自然是否定的。但是微妙军团在上央视《创响中国》栏目时，就带着可以“喝”的化肥农药替代品，而且主持人还真的喝了一口。不过这能喝的化肥农药替代品可不是真的饮料，而是一种益生菌，主要是为

改善土壤有机物而研发的。微妙军团的系列产品“将相和”全元生物菌肥则是结合自然农法理念的一种成功实践。中国自然农法理论的研究者和倡导者是国际知名农学家徐会连博士。这种把自然农法应用实践到农业生产中正是微妙军团的总裁宋元。微妙军团是海淀创业园明星企业之一。

宋元，大学期间学的专业是工商管理，但与农业结缘却是歪打正着，当时是学生会主席的他，本没打算进入农业领域，但经大学校长推荐与徐会连博士认识，协助徐会连回国创业，成就了现在的微妙军团和宋元。他甚至在燕郊开起了开心农场，养起了猪圈，猪肉的销量曾一时间卖到60元/斤。而宋元的父母是地地道道的农民，他们含辛茹苦地培养儿子读书，最不希望他走的路就是当农民，当宋元悄悄干起了新农人的时候，一直不敢和父母说，瞒了好几年。终于有一天，瞒不住了，因为宋元接受中新网的采访，其中有一张和猪圈合影的照片，被父母看到了。他的父母非常生气，他们最不希望儿子从事农业的老路，可儿子却偏偏选择了农业。父母的反对和不理解，让宋元陷入了两难，但最终团队的使命让宋元战胜了自己的纠结，勇敢地坚持走新农人的道路。

◎ 量子生态农业应用技术中心挂牌　产学研结合

一方面是父母的极力反对，另一方面是宋元的果断坚持。“山重水复疑无路，柳暗花明又一村。”微妙军团的发展从无到有，从小到大，逐步迈入了正轨，一些科研院所和专家找到了微妙军团，开启了理论和实践研究的共同发展之路。前不久，量子生态农业应用技术中心在海淀创业园会议室举行挂牌仪式，微妙军团和中国管理科学研究院量子科学研究所联姻，开创量子生态农业研发与实践的探索之路。然而研究与发展的路并非总是一帆风顺的，就在微妙军团奔波于成立自然农法普及协会的路上，也遇到了很多拦路虎，如该寻求哪里作为指导单位？另外该如何制定新农资的标准呢？目前这些还没有行业标准，需要有行业标准和国家标准，于是微妙军团想到了成立行业协会。

一个新的行业要成立行业标准，需要方方面面的力量，包括专家、学者、政府主管部门和从业人员等。而针对自然农法的声音，也是不一的。宋总坦言："随着微妙军团的发展越来越明朗，行业内部不同专家的声音越来越多，挑战也越来越多，但我们选择的是务实。对于反对和其他声音，我们选择的是倾听与借鉴，最后用事实成果和检测数据来说话。"

但是毕竟一个新兴行业的发展的标准还是需要得到更多的专家支持和认可的，所以现在宋元除了埋头务实地做事之外，也积极与一些行业专家、行业媒体、行业组织沟通，争取更多的人能够参与进来，而量子生态农业应用技术中心挂牌正是这样的试点。

◎ 市场和推广是难点，寻找突破之道

当前微妙军团正处于发展的上升阶段，但是也遭遇了很多问题，比较突出的问题就是市场和推广。2009—2013 年，他主要精力集中在技术研发和试点上，2013—2016 年进入第二阶段，这个阶段主要的突出矛盾是解决如何快速地打开全国市场和突破。以前，他主要是把化肥农药的替代品卖给渠道商，走的是老农民的散户，但是很难上规模。现在他更多地考虑在全国布局与地方优势资源结合，与政府部门和农业基地合作，能够大规模地运用他们的产品。

当前中关村正与全国各地建立分园和共建基地，而这正好给微妙军